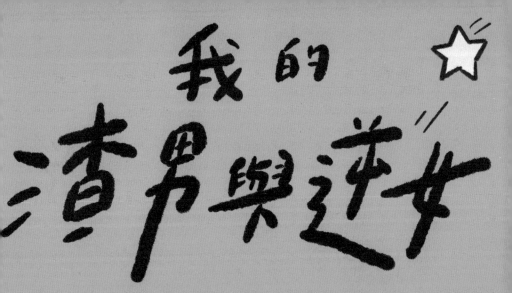

我的渣男與逆女

教養苦海浮沉記

劉昭儀

時報出版

來自神豬隊友的序文

羅文嘉

　　看完全書，我的第一感覺，還蠻好看的，平凡的人物日常，在劉昭儀筆下，卻顯得活靈活現，原因應該來自於她特有的幽默感。

　　第二個感覺是，她的才華遠超過於我，應該她在幕前、我在幕後，她是主角、我做配角，也就是如果以政治工作來說，她的表現會比我更好，不論口調、談吐、儀態、知識、理想性、正義感、統合協調能力，都沒有話說。但她選擇做我的另一半，放下自己的事業，一切以家庭為軸心，在生命的軌道上，她沒有選

擇作火車頭,卻始終保持前進,這點我充滿感激。

　　我們來自兩個截然不同的家庭,我是一個客家農村小孩,她是外省黨國之後;我曾參加全縣演講比賽,結果慘遭淘汰,她卻很小就拿到全台中演講比賽冠軍;我大學忙著搞學運,她大學跑去擔任國慶大典司儀;我從小在田野跑跳、沒有太多繁文縟節,她從小被教育要有禮貌、應對進退皆講規矩。

　　如此相異兩個人,要在一起生活,需要不斷磨合,各自退讓,更重要的還是要有共同價值,在這點上劉昭儀是性情中人,好惡分明、果斷明快,頗有俠女之風。這我使想起劉爸爸告訴我關於他爺爺(劉蔭遠)的故事:老爺爺跟爸爸想法不同,十七歲決定離家,從安徽到陝西,加入清廷新軍,再入保定軍校,暗地裡加入同盟會,準備武裝革命。1911 年十月武昌起義後第十二天,劉蔭遠帶著一批年輕士兵攻佔西安軍裝

局，成為第一個響應武昌革命的城市。

　　劉老爺子的故事不是本文重點，我也是從文獻與長輩口中略知他的經歷。昭儀會跟我談起的大多是老爺爺喜歡美食，常自己下廚，喜歡京劇，偶爾也粉墨登場，交遊廣闊，視錢財為身外之物，這些或多或少也成為影響她的一部分。

　　對我來說，太過溫柔婉約大概很難一起度過生命動盪，對她來說，沒有幾分叛逆冒險大概也難讓她信服。所以，在歷經九年戀愛之路後，我們又決定往前踏進婚姻的蜘蛛網，這些都不算什麼，我們身邊很多人也都是如此，典型的頂客族、喜歡自由、愛好旅行、捐款給家扶團體、力求工作表現、多少附庸風雅、相信進步價值。

　　我想起剛認識的時候，終日忙工作，春節放假前，也是很突然，我說：「我們一起去旅行吧！」「好

啊！但時間那麼趕，機票、簽證、住宿都沒有，能去哪裡？」「我也不知道，哪兒能去、就去那裡！」

我立刻買了兩張飛加德滿都機票，訂了第一晚住宿，其餘什麼都沒有，尼泊爾是落地簽證，飛機降落就能入境，便宜又有幾分神秘感，對剛認識的我們是項挑戰。

那是我們第一次旅行，睡在一晚六元美金的房間，擠在前座塞了七個人、後面載滿貨物的山路卡車，搭乘在高山亂流間起伏的小飛機，除夕夜在喜馬拉雅山腳陌生小鎮排隊等候公用電話，還有夜晚沒有燈火的營地……總之，回到台灣後，我心裡想：真是一個不怕死的傻妹！

2008 年，這位小姐，還是一樣不怕死，沒有任何準備下，我們家多了一位羅小妹，之後我們家又多了一位羅小弟。然後，我不搞政治、決定種田，突然

又接下一家老出版社，再開了家書店，書店越做越多元，變成市集、教室、農場……哇！這些都不在當初計畫範圍內，一個比一個突然、一項比一項艱難，心臟不夠強的早就下車說再見了。

劉昭儀的膽識就是，看你們怎麼玩，我都奉陪到底。這本書其實就是她這段日字的紀錄一二，談笑間艱難的事都變得容易可親了。

生命如溪水，只要不乾涸，一定有出路，家人就是一起看風景，一起面對河水暴漲，一起度過河水稀微的同行旅伴，從高山到大海，彎彎曲曲、高高低低，一切無法預測，但卻永遠牽繫在一起，這就是家人。

我們就是要
一直一直黏著妳

羅小姐

　　我的媽媽，非常忙碌，沒想到平日焦頭爛額、四處奔波的她，居然還有空閒把我們家三害的罪行紀錄下來，本來我以為她的文字會充滿我們欠扁的味道，結果看完後我才知道，原來媽媽看問題的視角是這樣，果然水很深。

　　媽媽外表纖弱，但內心強大，毫無疑問她是個女超人，更確切地說她是隻無所不能的應變龍，總能在適當的地點與時間做出最準確的對應。比如，再怎麼忙都可以變出一桌可口的晚餐，再怎麼不順心，都能讓日常生活按照軌道運轉。面對外面世界，她表現像

個女強人，很少出錯。但面對羅氏三害，她的對應系統難免短路，導致爆炸。這時，我的爸爸就會發出他的特異功能，化危機為轉機。

有次，全家到日本旅行，那是我第一次學滑雪，我告訴媽媽，我要穿游泳衣躺在雪地上，請媽媽幫忙拍照留念。但當我穿著單薄泳衣躺在冰冷雪地上時，媽媽卻一直不停地笑，根本無法按下快門完成拍照，我躺在雪地上，簡直快被凍死了，最後只好爸爸拿過相機完成任務。事後，我問媽媽妳怎麼了？她也說不出個原因，只說就很好笑啊！我的腦袋充滿黑色問號。

小時候睡覺前，媽媽總會陪在旁邊，先講故事，然後用她細細的手，幫我輕輕抓背，她說：「這樣比較好睡。」我天生過敏，每天起床都要用掉一整盒衛生紙，媽媽買除濕機、蠶絲被，最後她說我們一起運動，她帶著我跑步、騎車、游泳，一開始我覺得好累喔！但後來過敏改善很多，我才知道媽媽的苦心。

　她堅持自己動手做晚餐給全家吃，因為她希望孩子能一輩子記住媽媽的味道，就像她記住阿嬤的味道一樣。國中每天我都帶便當，雖然現在記不得所有菜色，但我卻記得媽媽的味道，就像我記不得每天家裡發生的事情，但卻記得媽媽對我們的照護是無微不至、暖暖和和的。馬上我就要離開家念大學，全家坐在餐桌吃她做的菜的機會就會越來越少，一起嘲笑老爸胖肚的機會也不知還有多少，跟她一起參加路跑的機會看來也很渺茫，我開始想念與珍惜跟她相處的時間，跟她一起做什麼的回憶。

　這次她要出書，問我要不要跟她一起完成，她寫我畫。那時候我正通宵達旦準備升學考試，沒有立刻給她回覆。之後發生一些事，又看到加護病房裡昏睡的阿嬤，以及一旁啜泣的老媽，我想到之前讀過英國法學家愛德華‧科克說的一句話：「每個人的家對他自己都像是城堡和要塞。」人生如此無常又短暫，這裡的點點

滴滴都是我人生最甜美的回憶，母女能夠一起完成這本書，會是我們彼此生命中最有意義的一件事。

記得去年高中畢業時我寫給爸媽的卡片是：「今天我畢業了，開心！感謝你們對我的選擇的認同與支持，讓我感受家庭的愛與溫暖，感謝你們造就現在的我。」媽媽說，十八歲前父母的任務是協助與引導，其實我知道我的老爸與老媽總是充滿包容並且相信我可以長出自己的姿態。爸爸說，之後的生命道路，要靠自己去探索、發揮，父母能做的只能讓妳知道，當妳處在生命中最悲傷、無助、徬徨的時候，妳不會孤單，因為家人永遠都在。

歡迎來到我們城堡參觀，一睹羅氏三害的罪行與紀錄，我要說的是：不管媽媽多麼想脫離我們這組人，多麼受不了渣男與逆女，還有充滿正義感的白目老公，我們就是要一直一直黏著妳，永遠不放。

我的好搭檔

羅小弟

　　我媽媽很照顧我、很體貼我，生病時她照顧我，受傷時她也會照顧我，我們相處得很好，互相合作，我是不會讓我的媽媽受傷的，我愛她。

　　我跟媽媽有個默契，就是我只要眨眼她就知道是什麼意思，她只要對我揮手我也會知道是什麼意思，我跟她簡直是天生的搭檔。

　　她做晚餐時，我希望繼續做她的搭檔，一起在廚房做菜，但她說我在旁邊會讓她更緊張，所以我就改做她的保鑣。

我們配合得很好，她在裡面手忙腳亂，我站在門外，拿著爸爸的鐵尺，站得直直的，就像一個衛兵，只要她叫我幹嘛，我就立刻飛奔去做。但當她做完飯後，會需要一個短暫的冷靜時間，這時我們都不能吵她，否則會理智線斷掉，只要一斷掉就完了，她就不能思考，不能思考就會臭臉，所以這時不能招惹她，我們會安靜地坐在飯桌前，先吃幾口她精心準備的晚餐，然後一二三一起說：「好好吃喔！」這時，她就會露出笑容說：「真的嗎？」

她有時候會像個小孩，很幼稚、很愛撒嬌，或是故意捉弄我，這個時候她是小綿羊。當我不聽話為所欲為時，她就會變成一隻大老虎，這時我會是一隻噴火龍，我們互相對峙，但最後投降的還是我。

沒辦法，因為我愛她，答應要做她的最佳搭檔。

股東大會結案報告

我一直以為，我會在光鮮亮麗的職場上鞠躬盡瘁、並華麗轉身……誰知道命運只是輕輕推了一把，我就變成了一個無心插柳的「阿木」，以及中年轉業的老闆娘……誠惶誠恐的我，直到今天依然是戰戰兢兢、非常努力，並神經質地比照電玩競技般地過關斬將；然後默默遙望可能上岸的天堂彼端。

　　認真地面對自己心中與腦中的破洞，從來沒有放棄地填補自己，雖然孩子是突然收到上天快遞來的禮物，驚喜中的手足無措也是沈甸甸的重量，好在有各種滋養的知識與支持，雖然從起跑線開始就跌跌撞撞，但逐漸調理好自己的呼吸，慢慢踏穩步伐；然後試著抬頭挺胸向前跑，除了肢體運動，也讓自己的五感全開，慢慢地開始享受馬拉松運動般的耐力養成、心智鍛鍊與樂趣成就。於是我開始有信心朝向終線邁進，

最終期待自己堅強地做為促進家庭與事業的推手。

　　跟我共事的夥伴們都知道，多數的日子，時間一
到我會丟包一般，把手邊工作暫停，急忙衝回家。我
喜歡家人推開門時，不是只有空蕩蕩的寂寥，而是有
人在等待……等待的是我，正忙著洗米、備料、以及
孩子進門後的擁抱；緊接著就是爐子開火、嘴巴碎念、
還有應付各種呼喚「馬麻……馬麻……」的有求必應。
在近身激烈的戰鬥中，奮勇挺進地把（理想中）三菜
一湯的料理端上桌，等到我終於落座，先確認刁民們
的口味評鑑，然後是七嘴八舌嘰嘰喳喳的公民參與論
壇。日復一日、春去秋來，家庭的餐桌，輪流上演著
不同的浮誇煽情戲碼，哭笑嗔怒中，孩子不留情地長
高長大，也開始有了屬於自己的故事。

而這些日常的雞毛蒜皮，我細細地收撿了起來，變成臉書紀錄。家常的晚餐或便當文，近十年來成為全家共同成長的軌跡。當我開始養小孩時，身邊的朋友都鼓勵我勇往直前，也因此我天真的以為，整個村莊都會幫我養小孩……雖然還是冷暖自知的我自己在喝水（好啦！我的神豬隊友也跟我一起喝……），但透過許多天涯咫尺的朋友，互相分享、鼓勵、提攜，全家終於匍匐前進的手牽手來到這裡。與其說這是一本跟羅氏三害搏鬥的生存祕笈，我更希望這是跟所有參與見證我們養育孩子的股東們，一份完整的結案報告。這份報告由我和羅氏三害共同完成，主要提案人是羅文嘉社長……雖然他至今還沒有答應我從此之後要夾著尾巴做人……只因他給我的人生專案太多，到下輩子恐怕都無法回歸校正。

特別要提的是已經去為天使講故事的幸佳慧，當時在病榻中受盡折磨的她，只要聽我說起羅氏三害的各種天兵日常，總能笑開懷的暫時掙脫病魔緊箍咒。在醫院的病房，我常常絞盡腦汁地記下所有三害的點滴，她要我允諾把這些都寫下來，讓更多人看到我如何在驚濤駭浪中學習做阿木。阿慧離開前，我的電腦開了一個文件夾，叫做「阿慧逼我寫」。最終在今年，我們把這個文件夾變成一本，希望阿慧在天上看了也笑出來的書。

　　而沒有我的老木謝小姐，我想我也不可能成為現在這樣的阿木。兩年前謝小姐讓我的人生措手不及地失去最重要的依靠，也因此讓我更珍惜此刻擁有充滿溫度的人生。未來我會緊緊擁抱她給予我的：睜眼說瞎話的讚美、打腫臉充胖子也要給的鼓勵、珍惜水資

源絕不澆冷水（先生的除外）、燃燒自己也要成就我作為劉小姐、即使捨不得，終究支持我所有的決定，雖然我總是反骨與她希望的安穩平順平凡背道而馳，但我會將這些母親的愛與智慧，以她慣常瀟灑自在幽默的姿態，帥氣地反芻給我的渣男與逆女！

Chapter 1

永遠的所在

我的渣男

與

渣女

渣男與逆女是上天送給我們的禮物⋯⋯收下之後，不知道該拿他們怎麼辦的那種！

羅小姐從小被大家一致公認應該當麻豆——我非常認同！不是因為她的手長腳長好身材，而是她始終如一的酷酷臭臉。

羅小弟則是滿嘴甜言蜜語的陽光男孩，但積極追求人世間所有的相遇，都是為了遠遠躲開寫功課的宿命。

一冷一熱之間，讓我必須在兩極來回奔波。長期氣喘吁吁之後練就的強心臟，總是撲通撲通活跳跳地提醒我：每個孩子都是獨特的唯一，不能如法炮製；唯有悉心呵護、用心對待，才能跟著孩子一同成長，早日脫離教養苦海⋯⋯（可能嗎？）

所以我是當媽媽之後，才開始學習當媽媽；我也跟女兒和兒子說：各自當媽媽與孩子的我們，一起來學做父母與小孩好嗎？

而說起學習這件事，從小到大對我從來不是問題。應付學校的課業或考試總是順理成章、得心應手。所以當我發現自己的兩個孩子，各自因為不同的理由，當不了我們習以為常的好學生時，最直覺的反應，就是補救加強。以為勤能補拙、努力一定可以出頭天！

女兒在小學五年級的時候，赫然發現數學對她來說已經變成一個大黑洞！在江湖闖盪了那麼久的阿木我，瞬間比照工作訓練中學到的危機處理 SOP，立刻找到一個台大高材生姊姊來當家教教數學；老師認真上了幾次課之後，我開始進行效益評估，我問女兒效果如何？現在懂數學了嗎？女兒幽幽說：「你們這些功課好的人，是永遠不會明白我的不明白！」

　　蛤？這個繞口令是什麼意思？她繼續說：「反正就是這個姊姊，雖然都有教我，但是她真的不明白我不懂的點，所以我還是不能自己搞懂數學啊！」

　　似懂非懂的我，第一次發現自己的小孩不能小看；也漸漸明白不是每個孩子的學習模式、歷程和標準，都可以重複套用，因此開啟了我陪伴羅小姐而展開的各種不同學習之旅。

　　一山還有一山高！以為羅小姐已是異數，剛挑戰完高難度的越野障礙賽，至少讓我補個妝吧？前線羅小弟居然連唸小學都狀況百出！

　　從小在鄉下與山間混大，第一個小學唸的就是天龍國之中、蛋黃區裡學生超過兩千人的公立明星小學。對於土雞羅小弟而言，學校就是最大的遊樂場；每天照表操課的國英數，不過就是進遊樂場的入場券。重

點是可以認識很多同學（美女優先）、享受不同的遊戲。

　　當時送他上學的盛況是這樣：每當踏入校園深長的走廊，由 1 班開始往下走，一路走到他就讀的 11 班，每一班都有同學或媽媽們跟羅小弟打招呼，有時候經過中間的樓梯，還會傳來在樓梯間行進的招呼聲……

　　我問：「是樓上一年 12 班還是 13 班的同學嗎？」（整個一年級共有 13 班）「不是，那是三年級的葛格辣！」

　　每天都是走紅地毯般的巨星風采，忙著跟粉絲好友同歡同樂，對於重複的書寫學習，也展現了大明星般的耍大牌任性，再加上學校給的功課博大精深，又重視業績，讀了一年之後，阿木自動投降。（雖然羅小弟與美女同學們，依依不捨十八相送……）轉學到姊姊曾經擁有美好回憶的公立小學……這裡被稱為「都市中的森林小學」。字面背後的意義是：可能比較多元包容地看待各種頭角崢嶸的孩子，但翻成白話文就是：功課少一點、活動多一點、學校小一點、孩子的獨特性被放大一點。在這個小而美的兒童新樂園，我試著和羅小弟一起發掘學習的樂趣，並且繼續展開在教育體制內的生存遊戲！

過去的工作訓練，從來沒有涉獵親子教養的領域，但經過了多年又多元的實戰血淚，我想要以菜鳥無法熬成婆的悲喜交加，記錄我們一起學習、經歷轉大人的生命過程……

套 路

今天晚餐遲了，大家都忙著趕進度扒飯菜，突然羅小弟說：「我知道！把拔馬麻你們都是在騙我……」
蝦米被你發現了
但騙很多你說的是哪件？
「我做過調查了！我們班幾乎每個同學的爸媽，都說小孩是從路邊撿來、還有說是火星來的…你們說我是別的星球來，也是騙我的……對不對？」
家長們物換星移換別的說詞好嗎？
羅小弟我沒騙你
想當年，老爸與謝小姐也我老家後面的鐵道邊撿回來的……當時好像才上小學一年級的我，靈機一動、破解了大人的謊言：「不可能！你們才不會去鐵道邊散步……那太危險了！」
這麼冰雪怎麼沒有念台大

土雞養成記

身為一個根深蒂固的都市女孩，最忌諱的就是少不更事時傲嬌地大聲嚷嚷：「以後我絕不要嫁給客家人！」

　　當然，我也一定會直接被老天打臉：不但得到了一個客家人，而且還是來自鄉下的客家人！

　　我的客家老公跟我有很大的文化差異，大到我懷疑自己是不是嫁到外太空！比如說，他早餐要吃米飯，最好還要搭配整桌開火噴油做出來的客家菜；我早上只能清淡的咖啡麵包，最好還要加上假掰的擺盤和窗明几淨；我問先生：「難道不是麵包比較簡單、比較符合勤儉樸實的客家精神嗎？」

　　「因為我們鄉下沒有麵包店！」仿若面對的是引爆法國大革命的白目瑪麗皇后，老公冷冷地回答我。

　　早餐這件事，恐怕由不得料理白癡羅先生；而旅行，可以有時去大自然體驗、有時去大城市冒險，還算是各退一步，兼享受愛情浪漫的拉扯，但是養小孩呢？

　　當爸爸之後，羅先生唯一堅持的就是要讓孩子擁有鄉下的生活記憶。他覺得自己小時候在鄉下成長的經驗，讓他成為一個不同的人，以最自然純粹的五感，養成了溫暖真誠、正面向陽、敬天愛人的特質，而這

些正是他希望可以給孩子的資產。

他慢慢整理了鄉下老舊的三合院，舊時的穀倉變成我們挑高的客廳；開放式的廚房，面對著鄰居的稻田、以及一株野生的老相思樹；以前的豬舍，變成適合發呆、午睡、看無敵窗景的書房；還有一個房間上的小閣樓，可以讓孩子玩躲貓貓；屋外是爸爸負責種稻的我愛你學田；一旁有過濾灌溉用水的生態池；還有水利會的大埤塘——羅小弟曾經因為我們的無知，被我們帶去生態池玩水，結果又吐又拉，得了讓我差點照顧到往生的急性腸胃炎；活跳跳地復原之後，羅爸爸繼續不死心地訂購了獨木舟，讓孩子們可以在埤塘划船、看鳥、看夕陽。

這裡是無比歡快、無限暢玩遊樂園，跟收養的流浪狗群玩飛盤、騎車奔跑、或是玩泥巴、控窯、燒稻草、摘果子、吃冰棒——孩子有沒有養成渾然天成的高尚人格，是個問號，但是看著他們赤足踩在土地上、抱著小狗洗澡餵骨頭、分工合作種樹澆水、還有經過田埂邊，習慣停下來跟土地公阿伯說說（廢）話——我這個千金萬金（才怪）的都市大小姐，順利轉型為全台最美農婦（很敢講），也總算不虛此行了！

雖然我到現在，還是無法適應老屋裡隨時會有蝙蝠飛來飛去刷存在感——即使他們是三合院裡的原住民；以及我人生第一次的大崩壞，就是發現這裡的衣櫥被老鼠入侵的那一刻；還有各種不知名的爬蟲類：蜘蛛、壁虎、蜈蚣等等族繁不及備載的現場實境教學。但全家只有我在戰戰兢兢，兩個野孩子總是歌舞昇平地安撫我不要大驚小怪。

他們認為大自然的一切都是理所當然的存在——除了羅小弟到現在還怕的大野狼！大部分的時候，我的野孩子是天不怕地不怕，沒有所謂的框架。尤其是隔壁三合院的鄰居宋伯伯特別有感，因為羅小弟根本你家就是我家、四處流竄，隨之而來的是不怕（大）人，大人小孩沒有界限，都是朋友，聊昨晚亂叫的黑狗、或是明天可以採收的玉米要記得來拿、還有腳踏車漏氣沒關係，下次滑蛇板送爸爸泡的茶給你喝……這些看似平常、沒有重點的對話，卻是孩子知識與表達的基礎。

當時的我並沒有想太多，只知道在這裡累積獨特生命經驗的孩子，想必跟別人有一點點不同吧？對環境有莫名其妙的安全感；習慣親密的人際關係；不說為什麼無法進行對話；完全沒有時間觀念；甚至連規

範都視若無睹……現在想起來，都替當時的我捏把冷汗！是的，我的土雞小孩一旦進入體制的圈養中，到底會引起多少的雞飛狗跳？

快樂成長的土雞，終將面對繁重的人生功課嗎？母雞的羽翼到底要如何撐好撐滿呢？

前方有巨大的挑戰等著我們！

羅小弟日記

昨天我跟爸爸去拿蛋糕，路上遇到一個小孩子被媽媽罵：「你生氣就摔盤子，這樣不好、不對。」
小孩子大哭。
我忍不住走過去，跟他說：「弟弟不要哭，你生氣的時候，可以跺腳、磨腳、握拳，或是走一走、散散心，我就是用這種方式讓自己冷靜下來。」
那位媽媽看著我，問我是什麼名字，我告訴她我是羅小弟，我還表演怎麼磨腳給他看，然後跟他說 bye bye，他就沒有哭了！
羅小弟你哪位？
為何要介入別人的家庭糾紛？
里長命格

阿木三寶

阿木三寶是：運動、旅行、吃得好。

當我還是養小孩菜鳥，一切的學習都從零開始。像我這樣循規蹈矩的好學生，最直覺又安全的學習就是讀書──各種育兒教養的書籍文章。但是我很快就發現，書裡面大多數的觀念或原則，都仿若是星海羅盤般的宗教情懷，卻無法普渡眾生。因為小孩本來就是不可理喻（純粹成語的說文解字、沒有喜好憎惡⋯⋯才怪！），無法複製貼上，投射到自己家裡的那一個，只能自己在實戰中找到獨一無二的打怪秘笈。

自謀生路的我，在跟第一個孩子羅小姐相處時，簡直就是血淚斑斑。（但之後的羅小弟，直接讓我屍骨無存！）為了活下去，後來就靠著以下的叢林法則生存著：

羅小姐是個害羞內斂，然後沒有自信的孩子，常常沈溺於自己的小世界裡，要靠各種誘餌，才願意探頭出來說哈囉。不擅長迂迴，習慣直球對決的阿木，在試過一百種方法，並且氣餒一百零一次之後，我決定放下一切紙上談兵，從自己的成長經驗中找答案。

我的爸媽都是運動好手，爸爸年輕時曾是全國某個量級的拳擊冠軍，後來還是足球的國際裁判（要追著球員、盯緊全場，裁判的體能不是開玩笑的！）；

媽媽也同時是游泳與體操的台中代表隊。即使身為家中的弱雞，還是遺傳並外掛了耳濡目染——雖然最終是被讀書耽誤的運動員，但無計可施的阿木，決定硬著頭皮，從最簡單方便操作的開始實施……

我開始帶女兒在學校操場跑步，一個人跑不起勁，還問班上同學要不要一起？徵得學校與家長同意，我帶著跨年級的孩子們，在早自習時間練跑；光練跑沒有機會表現，家長們開始幫孩子報名路跑或接力賽，並且加入陪練，後來乾脆也一起報名。賽後不論成績如何，大家一起帶著所有選手吃吃喝喝、歡樂慶祝。

女兒上了國中以後，還加入學校的游泳隊。原本只因為泳隊沒有女生，阿木想要滿足自己女兒是隊花的虛榮心，把女兒推入每天六點進泳池晨訓的火坑。後來少女因為脊椎側彎，只能堅持練游到國中畢業，阿木唯一能做的就是陪伴。

為了讓她準時入池練習，阿木過了三年天還沒亮就起床的日子，忍耐她叫起床之後臭臉的晨光，冬天移地到室內泳池訓練時，還要幫忙載一車青少年回學校上課。以極強大的意志力，完成游泳練習的，不只女兒；為了表示支持，我也同時間跑步或游泳。（相信我，在泳隊旁邊游泳，需要沒有下限的羞恥心！）

除了得到自己的身強體壯之外，短短幾年之間，羅小姐長成了少女界的巨塔、不再害羞怯懦、跟一起運動的朋友建立革命情感——最重要的是，運動成為她的生活習慣，是阿木送給她一生受用的禮物。

帶孩子旅行，則是原本我與先生兩人世界的新挑戰。羅小姐的課業表現平凡，我剛開始只是實用主義的跟她說：至少要好好讀英文吧？！不然連冰淇淋都不會買。然後還要在旅程中，順便腦補一下相關的歷史、地理、文化或是時事，在走動中累積基本的常識。雖然要付出的代價也不少——帶著小孩，我們會默默避開遊樂園的路線，甚至恬不知恥地欺騙小孩，說迪士尼是假的，只有出現在電影裡！

結果某次在日本的古蹟之旅時，前往一座歷史庭園，一旁居然有個兒童遊樂園！雖然陽春又簡陋，但是被女兒看到了豈容錯過？！文青爸媽雖然陰溝裡翻船，還是得陪玩！羅爸爸從雲霄飛車下來時鐵青著臉，果真是歷史性的一刻！

此後他為全家人安排了很多次島內外的旅行，大概都是以他愛好的自然、建築或文化為主題（遊樂園還是繞道而行）。小孩真的沒有因此功課變好，但不會讀萬卷書，只好改走萬里路。如果因為親身體驗了

世界的寬廣，開展了生命的視野，也是成長的收穫！

　　我們都不是在富裕的家庭長大，很少有機會外食。難得上館子，爸媽總是小心翼翼、容不得孩子放肆。可能是某種不滿足的投射吧？！只要是吃東西，我就不想限制孩子。如果吃得下，就盡量點、盡量吃，原則是不能浪費食物。在家或在外面吃都一樣，盡可能讓孩子吃得好──當然好的標準人人不同，我會選擇食物來源清楚、料理美味、最好能呈現多樣性的菜色、如果可以因此產生孩子有興趣的話題，那就更棒了！

　　也因為我的家庭教育，從小就被嚴格訓練餐桌禮儀，所以每一次全家吃飯，都是最好的練習（轉頭瞪羅爸爸），自然就會內化成孩子的儀態與品味。我曾經問羅小姐：「你不吃速食店薯條，怎麼跟同學交朋友？」羅小姐說：「我就叫一杯紅茶在旁邊混，還是一樣可以跟大家聊天啊！」在吃東西這件事情上，我基本上是「富著養」信徒，也因此其他開銷上會三思而後行。到後來，如果看到心動的名牌包，竟然會換算成食材的費用，然後就默默誦經、不惹塵埃、功德無量的放下了！

放開那女孩

羅小姐的朋友生日趴，邀女孩們一起住旅館、上夜店……

羅小姐說：「可是我明明就住在大安區，為什麼要去信義區住飯店呢？然後去夜店又可以玩什麼呢？」

羅爸：「女兒如果你想去夜店，把拔可以幫你安排……我認識很多夜店老闆、夜店達人……把拔不會去，只是幫你安排……」

阿木：「其實不用安排、她只要付錢，甚至有時候連錢都不用付，都可以進夜店。」

羅爸：「好好好，如果你不想把拔安排，妳也可以找媽媽陪你去哦……」

阿木：「阿木沒有想跟女兒去，阿木希望她自己去探索好嗎？」

 # 老北換了位置就換了腦袋

媽媽清心丸

剛開始養孩子的時候，我總是戰戰兢兢、無法確定自己是否足夠理解，小人從異次元傳來的一顰一笑、或是涕泗滂沱；面對教養小獸，也總是不確定，自己是否可以成為小王子永遠愛著的那朵玫瑰花。就這樣左顧右盼地反覆摸索，讓我開始懷疑我的媽媽人生。

　　某天，我無力起床，一個人躺平，矇著被子暗自哭泣……哭著哭著，想到自己莫名其妙的無能為力、悲從中來，這不就是憂鬱症的前兆嗎？我就不過是養孩子而已嘛？何必把自己搞成拯救地球的美國隊長？家長的重責大任，不過就是陪伴、理解、並且支持孩子長大？我也是有血有肉會犯錯的女漢子，如果堅持做一個完美無缺的阿木，我就有可能在三十年後得到模範母親的表揚！

　　或者在那之前，就因為遵守各種教養規範的嚴以律己，而把自己逼到懸崖邊。想到這裡，我豁然開朗翻身坐起，然後阿木界的一代諧星從此誕生（大誤）。

　　所以羅氏三害（羅爸羅小姐與羅小弟）都知道，媽媽的理智線會斷掉，但是媽媽會清楚說明斷線的理由。羅小姐特別欣賞我的歇斯底里（才怪），因為阿木總會呈現真實的自我，事後任家人取笑。媽媽也有美人心機，比如媽媽說「隨便」，就是不能隨便的意

思（攤手）；媽媽說都好，就是沒有那麼好（聳肩）；如果媽媽表示可以啊！那就要自行加上「可以啊！你可以看看……」（瞪眼）；才會明白媽媽各種感受中幽微的真義。

所以教養過程中，最好（也最輕鬆）的方法，是對家人誠實坦率地表達心中的不滿疑慮或是肯定認同，不管是孩子，或是與你共同負擔的伴侶與家人，雖然孩子和你的豬隊友，可能都沒聽懂！

但因為這樣的表達過程，我更清楚地認知了自己的負面情緒與闇黑力量。曾經在成長期間感受過的失落與挫敗，我沒有辦法不讓孩子重蹈覆轍；但是若因為我的執念或大驚小怪，無法接住孩子的依賴與信任，就會阻絕我邁向完美母親的里程碑（並沒有這種碑好嗎？）？！是的，養育小孩就是讓自己認清自己不可能完美，並且也養不出完美的孩子。

所謂家人，就是各自以一生的時間，認清彼此的不完美以及各自的不完美，契合成的理所當然。

開始接受自己絕非完美母親之後，我可以退一步地虛心學習，讓自己變更好：透過閱讀、（但不讀教養書哈哈）運動、料理、旅行；還有我的支持團體：比如我的媽媽群組、姊妹群組、以及同好群組等，隨

時讓我討拍取暖；最最重要的是，身邊的伴侶永遠是最親密的合作夥伴。夥伴可以白目，但永遠是靠山！只要提醒他，隨時購買可兌現的贖罪券，必要的時候要提券，讓伴侶表現他的體貼或情意，修補彼此的關係與歧見，並簽定更有默契與共識的合作或互補的（不）平等條約。即使只是快充，便可以繼續在教養與持家的道場，佈施修行（低頭唸佛號）。

曾經跟朋友說：「為了讓自己更完整，決定邁入人生的另一個階段，我要開始養小孩了！這下子就是十八年的有期徒刑，並且不得假釋。」養育兩個小孩至成年，加起來會超過二十年。身為心甘情願的受刑人，我的確成為不一樣的自己。有更多的堅持、更多的包容、更多的失落、有更多的滿足、有更多的憂心忡忡、有更多的祝福放手！

而我終於明白，家庭是永遠擺脫不了的牢籠。需要的時候，為自己準備一顆媽媽清心丸吧？！

多事之秋……

我在羅小弟學校最大的貢獻，就是拉高全校家長的平均年齡……

最近應接不暇的處理各種學校與家長的事務，感覺快要透不過氣了……偏偏最近工作多到爆，真是考驗阿木八爪章魚的能耐……

昨天一位媽媽友人睿智的提點我：妳這種厚……就是「多事體質」！

#勞碌命的優雅版

#但沒有升等的優越感

早上羅小弟在房間跟我説：「請幫我關門好嗎？我要換衣服了……」

#小獸才是升等了

#小男孩的羞恥心長出來了

阿本家之味

每天至少有一次，全家一起圍坐在餐桌前，是每個家庭都應該存在的重要儀式。

身為家中的行政院長（我們家是內閣制喔！），要決定家中的預算業務施政方向前瞻計畫等等簡直國事如麻……才怪！其實是每天叫孩子起床、備餐、應付上班上學、課業研修、課外才藝、休閒運動、清潔護理，以及休眠安寢……這一切還沒有結束，到了週末假日寒暑假，還有更艱鉅的挑戰：補習、練球、打電動、省親盡孝、戶外體驗，還沒說要安排各種生日趴、或是同學來家住一晚呢！（阿木眼神死）

大部分的時間，我得像個肖婆整天被家人的（還不是自己的）行程追著跑，然後就會自憐身世地覺得每天只能柴米油鹽並清潔灑掃家政婦，在瑣碎的雜務中完全迷失了方向，更刷不到存在的成就感……這些讓人心累的庶務，難道要鬼打牆般，日復一日地拖垮我嗎？

這樣下去就要動搖國本了啊！英明的領袖可不能就被這些繁瑣細節困住，而忘記國家重要發展的戰略與方向。我開始試著為全家人準備共聚一堂的一頓飯，大家一面吃飯、一面說話，共同討論家庭成員各自的業務與公共事務……說得這麼冠勉堂皇，當然是

浮誇，但是自從把一起吃飯當作施政重點之後，我自己會把這一餐飯──週間通常是晚餐、週末則是早餐，即使是外食也可以──當作家庭的重要儀式，也是我每天陀螺轉的停頓點。

開始經營書店與小農市集之後，每天接觸到大量的食物知識與農產品，最直接的消化吸收方式，就是透過不斷的嘗試與實作，認識季節與風土、品種與內涵。也因此我將這些來自產地的作物，直接搬上餐桌。讓所有來自土壤的辛勤灌溉，與努力豐收，變成美味的催化劑，以及孩子成長的推手。

我看著食譜挑戰過很多煎煮炒炸、西式、和風與中菜；也試過揉麵、和麵、擀麵、還有 Pizza 與餃子。後來我漸漸放下別人的菜色，專心服務屬於家人的客製化菜單，想要迎合大叔、少女與渣男的最大公約數，更希望趁其不備，讓他們嘗試不同的食材，增加食物及營養的多樣性。因此把食材最美好的滋味，透過菜色表現出來，料理技術只是最後一哩路，往往最簡單的烹飪方式，才能最淋漓盡致的讓食材說話。我也盡量捨棄充滿化學添加的調味料或加工品，我不認為他們是「真食」──或許剛開始可以刺激味蕾、調劑口感，但是身體會告訴你，所謂的刺激與調劑的美食安

慰劑，終究是健康成長的絆腳石，純粹的飲食習慣，才是頭好壯壯的唯一途徑喔！

最近常常想起小時候老媽煮的料理，比如說下雨的上學天，媽媽總會在中午前，親自送來熱騰騰的蛋包飯便當——以滑順軟嫩的蛋皮，包覆酸甜番茄醬作調味的炒飯——每一口都是飽足的幸福。從小學開始，我就被老媽要求在廚房當小幫手，雖然擅長廚藝、手腳俐落的老媽從來沒讓我當過大廚，但長大後的我不會害怕進廚房，面對爐灶的風風火火也不陌生，大概都跟當時老媽的堅持有關吧？

現在我們家的廚房也安排了羅氏姐弟各自的任務與學習，雖然煮飯時火裡來刀下走的時刻，更消耗母愛的額度，但若能讓他們的未來跟手作料理更親近，或者只是讓他們偶而想念家常的味道、想念被愛的味道，屬於家庭的記憶，便是鮮明而立體了！

我特別喜歡黃昏時，一個人在流理台前，看著窗外的夕陽——有點寂寞、還有說不上來的某種遺憾，讓人傷感到幾乎泫然欲泣——突然，門外會傳來孩子躁動的聲響、書包與便當袋的撞擊、一邊脫鞋、一邊鬼吼鬼叫，推開門，也順手開了燈。

「我回來囉！好餓好餓！媽媽今天吃什麼？」

所有的大呼小叫、七手八腳，把剛剛醞釀堆積的文藝片，變成了群魔亂舞的賀歲片！終於熱飯熱菜熱湯都上桌了……

　　歡迎光臨，阿木家之味。

期末評鑑

羅小姐問：「今天吃的高麗菜是哪裡的？」

我：「斯馬庫斯的……怎麼了嗎？」

羅小姐：「我覺得好可惜喔！加的醬跟它不搭……」

羅小弟：「但是我給高麗菜打 90 分，那個醬好吃！」

只要重口味就給分

羅小弟：「但是吉古拉為什麼要塞東西？單吃就好吃了啊！」

換個口味不行嗎？

我傻我搞剛

不藍不要吃啊！

餐桌上的號碼牌

朋友常常問我：幹嘛不放過自己？為什麼總是執著在家煮飯？這樣不是讓大家有很大的壓力嗎？於是我認真檢討了一下，甚至還想上臉書計算，自己整年度到底發了幾篇在家吃飯的貼文？（我沒那麼勤快，想想而已）但我仔細想想，這一切沒有大家以為的辛苦。某些程度是救贖了每天陀螺轉、瞎忙的我，可以讓自己從工作的火坑中抽離，然後跳入另一個火坑……（咦）

　　這一切都不在預料之中。原本只因為羅小姐性宅、懶出門，所以我開始增加自煮的頻率，沒想到羅小姐不挑食、很捧場，後來再加上開書店卻不務正業，各種歪樓的增加販售各地小農作物或產品，為了更瞭解食材、還要確認品質，我便展開自食其力的試菜料理；羅小姐上國中之後，本來剛開始堅持要在學校的福利社買午餐，好方便她的新生活社交運動。

　　一個禮拜之後，善變的少女心發現：原來媽媽帶的便當，才是她的最佳社交利器！為了讓臭臉羅小姐鯉魚躍龍門，成為萬人迷，我因此開啟了超過五年的便當之路（國中三年再加上高中）。不只為了羅小姐帶便當，羅小弟、羅爸爸也都開始帶便當。所以晚餐在家吃飯，便成了日常，更漸漸的成為我們家庭的重要儀式。

平常的日子大家都忙，早餐各自匆促解決（大部份時候還帶著起床氣）；午餐各自在外面解決（還好！），傍晚時分，原本安靜又寂寞的家，慢慢開始暖身動作——洗菜、備料、開關冰箱、電鍋的按鍵輕按、小火微微閃耀——逐漸手忙腳亂的那一刻，門外傳來一陣躁動，乒乒砰砰之後，玄關傳來的大小聲：「我回來了！」

是的，戰爭開始了！

我在戰場上運籌帷幄，兼奮勇殺敵，有時候還要兼管羅小弟的功課，或參與他遊戲裡的角色扮演：「3桌點餐：一份薯條一份牛排還有一份冰淇淋！」一人外場的羅小弟，假裝忙著用對講機鬼吼鬼叫，我在鬧哄哄的排油煙機聲中，還要手忙腳亂的回覆：「收到！收到！」（不然他會沒完沒了地重複鬼打牆）

終於把所有料理端上桌了，桌上的菜色好熱鬧好想吃。猶如剛運動完、全身汗流浹背的我，還沒坐下，就看到羅小弟指指點點：「我只喜歡吃這個和那個，另外一個是什麼菜啊？」（嫌棄）然後羅爸爸開始農產作物教學，順便簡介一下氣候變遷對全球糧食短缺的影響；羅慢慢小姐終於找到標點符號，趁空插入說：「今天考試題目真的好機車、然後英聽根本聽不清楚是想要我怎樣……」每個人七嘴八舌，搭配伸箸舀匙

的搶食，食物是熱的，心也跟著熱起來了！

　　一整天的奔波疲累，在這樣的瞬間可以被撫慰療癒。我們圍坐在一起，吃著三不五時出槌的家常菜，彼此鬥嘴或互相恥笑；當然也有很難吞下去的不爽，不過一天只有這一段時間可以無法無天的吃喝、不用大腦的講話。有段時間，羅爸爸會認真地讀一本書，叫做「今天」——為我們講解歷史上的今天，曾經發生過的各種重要事件，讓我們的晚餐增加些許知識的含金量，向父慈子孝的模範家庭靠攏（笑），但是隨著孩子的成長（意思是不再讓我予取予求），以及工作的節奏改變（羅爸爸又想不開回去從政），我不再苛求理想的晚餐形式，只謙卑的希望大家都能回家吃飯、不要被手機牽著鼻子走、吃飯的時候嘴開胃口開心也跟著開，讓飯鍋見底。反正爸爸自己種米沒在怕！

　　或許有一天，羅小姐會在寒冷的異鄉雨夜，笨手笨腳地做一鍋阿木的紅燒肉，邊吃邊掉眼淚；或是羅小弟把妹的時候，吹牛說他以前吃過什麼浮誇的料理，可以把女孩兒逗得花枝亂顫……哭著笑著的未來人生裡，媽媽做的料理、與家人團聚的餐桌，可以給他們增添生活的力氣，若是彼時正身處幽暗隱晦的人生隧道之中，能夠讓他們再多撐一下，或許可以因此堅持

到遠處的微弱光源出現⋯⋯

即使大家都叫我別傻了，幹嘛每天拼晚餐？我還是甘之如飴的絞盡腦汁、精選食材、勤練體力、狂刷手感，然後享受料理儀式完成的飽滿，並且以家庭主廚的優勢極權統治：「那個誰？先領號碼牌，不准插隊插嘴喔！」

這樣堅持下去其實是阿木的幸福！

競爭對手

羅爸最近文思泉湧，開始想為羅小姐進入公民社會做準備，所以鞭策自己發表在臉書。
若是以前他寫不出來
內力深厚到不得不發
連同學媽媽都歐漏說好看
但社長嗆聲說他會比我早出書
走著瞧
羅小弟不甘寂寞問老北：「把拔，你都沒有專門寫給我的嗎？」
羅把拔回覆：也對吼！那我來寫個「給混蛋兒子的提醒」
羅小弟說可以換個名字嗎
換成給乖乖兒的信他覺得比較貼切

第一次的
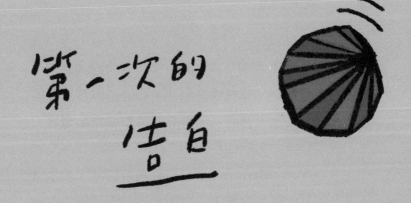
告白

我是很幸運的媽媽，得到孩子不分青紅皂白滿滿的愛！這一切跟我的美貌無關，卻是選角與人設的主場優勢。當一個坐享其成的阿木，我總是默默感謝命運的編劇與導演，讓我有機會詮釋喜怒哀樂的母親人生……（最佳女主角的得獎感言）

　　我很早就慧眼看出，羅小姐最適合的職業就是當名模。因為她從小臭臉，只要不笑，方圓百里之內空氣急凍蕭殺，讓人好憂心名模將來如何在現實社會中求生存。阿木苦口婆心的文攻武嚇，總希望她能圓融可人好相處，未來在群體生活中才能風生水起、八面玲瓏、化阻力為助力。但每個小孩最終都想抵抗老派阿木的碎念，堵住父母保守陳舊的思維……最簡單的方法，就是自己迅速建立牢不可破的社交網絡。

　　的確！交朋友絕對是屬於個人的私領域，我在羅小姐唸小學時就跟她說，父母不會干涉她交朋友。因為朋友是人生最重要的事情之一，交朋友的能力可能比功課好更實際。但是臭臉羅小姐到底可以如何培養自己的朋友力呢？

　　我自己是跟羅小姐的幾位同學家長，變成好朋友。他們的孩子八九不離十，通常也不會相去太遠；然後我們幾位家長，會一起安排假日共同的親子活動，觀

察孩子們的互動;平日也會單獨安排媽媽們的健身運動或採買,分享以不同面向,觀察別人或自己孩子的狀況⋯⋯在小學剛開始的階段,我其實是用這樣「半自助」的模式,選擇性地讓羅小姐學習交朋友的原則和方法,但這樣的小心機,到了羅小姐年齡漸長之後,就要慢慢退場,讓孩子自己選擇,並且面對朋友之間的友誼或背叛;心靈伴侶或因了解而分開。

這樣的過程中,少女的玻璃心,可能會一次又一次的受傷碎裂⋯⋯我們都曾經歷過的那些過程,日後想起來很好笑,當時卻是刻骨銘心的傷痛。在這樣的時刻⋯⋯比如羅小姐曾經莫名其妙(據她自己說)地被踢出班級群組,說著說著如韓劇裡的唯美畫面呈現般,少女潸潸淚下,繼而嚎啕大哭⋯⋯此時阿木就要立刻變身義和團團長,唯一支持羅小姐,班上同學每個都是混蛋!但是冷靜下來之後,要陪她一起面對、檢視被朋友誤會或討厭的原因,甚至要適時的做個吹笛人,提醒自己的孩子。過程中我絕對不會批評或否定她的朋友,因為這是她的選擇,而且是她成為獨立個體的重要能力⋯⋯這種能力,父母就應該放手並給予支持⋯⋯沒有其他!(句點)

也因為我一貫的自制與自愛(雖然很多時候血都

憋紫了），還要避免神準的事後諸葛：「看吧！我就跟你說……」；或是探頭探腦，隨時想要套出孩子不能說的秘密；所以羅小姐會告訴我所有跟朋友相處的疑難雜症，也願意放心地邀朋友跟我們認識……注意喔！不能太冷、也不能太熱地扮演好同學家長的角色。（畫重點）

　　這一切都是為了建立信任──建立孩子對我的信任之前，我必須做到先信任孩子！

　　有次春假全家一起到花蓮玩，晚餐時就發現羅小姐一直盯著手機，魂不守舍的樣子。飯後，羅小姐走到我身邊，屢次想附耳過來，無奈出門玩超嗨的羅小弟，完全不容許冷場，所以我眼看著羅小姐欲言又止。終於回到旅館家庭房，爸爸也帶著羅小弟在另一張床躺平睡著，此時羅小姐在黑暗中，睡在我身旁，少女界的巨塔，長手長腳蜷曲著，以低沉的氣音，迫不急待地告訴我晚餐時，居然收到男同學的簡訊，還是始料未及的直球告白簡訊！讓她整個嚇傻，不知道怎麼回覆，問我下一步的意見……

　　她說：「馬麻，這是我人生第一次被告白哎……好緊張喔！」

　　黑暗中，還好她沒看到我的白眼與內心旁白：「沒

見過世面的傢伙！」

　　只聽到我以充滿大智慧的氣音，溫柔地跟她說：「妳先想想自己喜不喜歡他啊？然後就知道怎麼回覆啦！要好好珍惜人生第一次的告白喔！」

　　羅小姐的心頭小鹿暫時還無法平靜，還想追問讓阿木指點迷津，突然隔壁床的老爸出聲了：「還不趕快睡覺？明天我們即刻趕回臺北，把那個男的找出來，好好教訓一下！」

　　老爸是什麼？老爸就是女兒幸福人生的絆腳石啊！（笑）

深不可測

晚餐開動了至少 10 分鐘，我問羅小姐怎麼都沒有吃肉……她說：「我還沒開始正式吃飯啊……」

然後她就依序橫掃千軍

「馬麻，妳真的不知道半夜飢餓的感受，而且又這麼冷……」

蝦米每晚吃三碗飯的日常還存在飢餓感

我：「好慘哦！這麼冷，妳就沒有去樓下買冰豆漿配饅頭夾蛋了是嗎？」

冰豆漿兩杯加饅頭蛋是她的宵夜標配

「嗯……換溫豆漿我可以！」

因此我和羅爸又再次提醒她，以後去男朋友家吃飯，最多只能吃一碗，不能把菜全掃光，務必忍一時、裝一下……離開男朋友家就 line 阿木，我會準備好飯菜在家，等她回來再吃飽……

千萬不能讓人發現她是大食怪

開學前的
電影院

還沒有養小孩之前，我就喜歡看電影，平均每個禮拜會看 2 ～ 3 部電影；每週至少有一天，會安排連續看兩部電影，從早場看到傍晚，出來之後，瞇眼看著戶外的光影以及現實人生，真的恍如隔世。

　　當年曾經聽一個長輩說，她養小孩前也是重度的電影愛好者，但小孩出生後，就再也沒機會看電影，直到小孩小學畢業。彼時，我大概在心裡翻了一個不以為然的大白眼，搭配的圖說是兩個大大的字——「藉口」！

　　但很快地我就得到了命運的嘲弄與報復——女兒已經高三、兒子也小四，而我還是無法再規律地回到電影院。

　　養育小孩，真的是全世界最行禮如儀、而且無法投機取巧的事。所有的程序就是陪伴陪伴再陪伴。父母就是孩子第一本的教科書，我當然不是那種任重道遠的阿木，但是再回頭竟然發現，自己養出一個文青少女——難道這是長時間跟女兒相處陪伴之後，水到渠成的結果嗎？還是羅小姐生而為文青的宿命？每個孩子都有與眾不同的特質，但是耳濡目染的力量也不容小覷。我常常想，如果羅小姐羅小弟分別養在不同人家，又會形塑成怎樣不同的樣貌呢？

　　羅小姐小學二年級開始學習寫小日記，雖然只是

學校的功課，卻是羅小姐最難跨越的障礙。因為過去的生活經驗，再加上表達能力的侷限，所以最誠懇的寫作，只能是語焉不詳的流水帳、加上「我愛地球」的百搭不敗結語。

身為中文系的阿木，其他功課可以敷衍，對於日記書寫，連一隻眼都無法閉。我開始花時間跟羅小姐聊天，引導她整理表達讓自己印象最深刻的人事時地物；不用包山包海的鉅細靡遺，至少要清楚地講述一個重點，鼓勵她講完之後，寫下來就可以了！她不會寫不想寫不爽寫也沒關係、我念她寫也無妨，只要寫出來就是累積。從 50 字、到 100 字、然後 300 字，再來就是寫作文……

羅小姐的作業或成績其實不是重點，而是在這樣的過程中，她重複練習用口語或文字，呈現自己的紀錄、觀察、或想法，對於內向敏感又不擅表達的她而言，是通向外在世界的一扇窗戶……窗戶打開之後，羅小姐似乎感覺到慢慢被理解接納，逐漸的她的心也打開了！

我後來才知道，有許多搶手的寫作班，需要家長們凌晨排隊領號碼牌。似乎寫作變成考試的重要關鍵，必須要學習演練所謂的起承轉合、成語運用、還有偉人小故事。但是不知道寫作班有沒有教導孩子，直視自己

內心的關照？發現個人獨特的觀點？如果大考的作文題目是關於「思念」，那麼當年多數考生的祖父母，都必須因此往生離世，那才是年度最可悲的盛事啊！

長大的羅小姐，以語言、文字、攝影、繪畫等各種工具，學習表達、與人交流，重點不在使用的工具，而在於她的真心與特質。我們全家人，包括傳統老派的羅爸爸，也都學會勇敢地說出來！現在連鄉下年邁的阿婆，都習慣跟我們說：「愛你喔！」形式的工整，不應該是我們在乎，或要求熟練、標準化的考試技能；統整之後，再練習出屬於自己風格的表達，甚至還可以觸動人心的交流，才是最高指導原則。

每年的寒暑假結束之前，我會跟羅小姐選一部喜歡的電影，一起進到電影院。我帶一杯咖啡、她帶一杯可可，在大螢幕前，我們各自靜靜地，偶爾哭著笑著體驗著生命的起承轉合，欣賞著創作者的表現，還有帶給我們的悸動。也許映後，我們會討論給作品評分，然後恍然大悟：我們在學校的作文是如何被評價？被拆解？最後得到的分數，代表的過程與意義？

陪伴羅小姐養成的過程當中，我們一起建立文字或影像的品味與喜好，同時也明白了聽說讀寫，不是為了他人的評分標準，而是為了建立自己獨特的視野

觀點，或是單純的心靈滿足。

　　當年自己一個人的電影院，豐富了我蒼白貧乏的文青人生；多年之後，屬於我與女兒的電影院，也許會為彼此生命的劇本，添加更多精彩的記憶。

前世今生

羅小姐說她今天認識的漂亮姊姊好白好美，可能是因為常常宅在家的關係，

我：「你們命好的少女，家裡一切傳便便，所以可以當宅女！」

羅小姐：「我上輩子可能是很好的皇帝，造福整個國家……馬麻那你呢？」

我：「當然是秦檜啊！」

看你們下輩子當誰的阿木

一整個禮拜都不在家晚餐的社長，吃不到我們今天的小而美火鍋。

大叔的社交生活好充實

餐桌沒有社長

餐桌沒有秘密

革命前夕的
南美大旅行

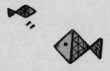

「我會帶著你一起走到世界的盡頭」

這麼溫柔的戀人絮語，不是出現在偶像劇的對白，而是先生還沒有變大叔之前的浪漫。

可惜海誓山盟不是因為我而實現！女兒唸小學高年級之後，我們就發現學校的社會課，對當時的學生來說很難理解，比如說在台灣社會的主題課程中，解釋所謂的「經濟活動」，對於大多數的孩子而言，似乎是艱澀而平板的概念，很難體會。國中的歷史地理也不遑多讓，各個都是天高皇帝遠的狠角色。現在的孩子們，對於沒有共鳴、無感的知識，只能靠填塞，填塞久了，人都傻了！

為了我們的傻女兒，老爸決定規劃一次大旅行。

從年輕就懷抱著革命情懷的羅爸爸，以切格瓦拉「革命前夕的摩托車之旅」發想，安排了一個給青少年的壯遊路線。從規劃開始，就加入女兒的意見，一起討論。雖然也因此而徹底明瞭了國中生的幼稚，但也以此為動力與契機，讓少女開始認識地球另一端的各種表象或符號、甚至流行的文化元素。文青爸爸帶著她看了幾部電影、塞給她幾本小說和攝影集；業主阿木就是負責嫌棄行程太緊湊、班機時間不要太早、火車艙等難道不能有更好的選擇嗎……諸如此類的事情。

因為各種現實的考量，最終這趟旅行，是倒著走革命家當年的路線，沿途切格瓦拉的鬼魂都在──不論是以海報、或帽子、還是明信片，各種商業形式陪伴我們。

　　此行走至蜿蜒向上，爬升到海拔 2000 公尺以上的馬丘比丘，仰望印加文明的魔幻與雄偉；以及最高古都庫斯科市集裡，各種鮮豔奔放的民族風編織；不能錯過的是高山症發作時，喝一杯 Coca 茶，就能減輕頻頻被橡皮筋彈太陽穴的症頭；隨著安地斯山脈下行，到智利南端的巴塔哥尼雅高原──我上次看到它，是在我的高中課本，沒想到居然穿越時空，真的來到了世界的盡頭！而最接近南極的百內國家公園，有地理必考的峽灣冰河地形，切記一定要踩在高地上健行，並且親自觸摸水面上的冰塊……因為沁心的冷冽，會讓人終身難忘（並且考試得分！）；穿過邊境，直飛布宜諾斯艾利斯，目瞪口呆的站在 130 公尺寬的大馬路前，準備手刀──但是路人都在這個被稱為「南美巴黎」的首都，隨興而大膽的展現拉丁風情，我們又在急什麼呢？街頭還有專門為男士服務的美女美腿咖啡，隨便一家小館的碩大阿根廷牛排，都好吃到趕著上飛機前還要再去拼一場！左派的革命家，恐怕很想

從墳墓中跳出來，教訓我們這些以資本來堆積深度體驗的旅行者！

從祕魯、智利、再到阿根廷，目眩神迷的旅程中，羅先生果然帶我到達世界的盡頭——沒有風花雪月的粉紅泡泡，卻是孩子精實體驗的學習之旅。雖然旅行前後的節衣縮食，是精打細算的阿木必須付出的代價。

請問，之後羅小姐的歷史地理成績有大躍進嗎？當然沒有！那……這趟旅行是白費工嘛？也不盡然！

許多家長從小就開始，讓孩子參加各式的才藝班，投資不少的金錢與時間。或許小孩因此培養了第二專長，但大部分的情況是……孩子雖然無法再深入，但至少嘗試、學到了皮毛，也許未來會增加一項嗜好，或更認識自己的能力與專長。我不認為一次大旅行，就能讓羅小姐的成績麻雀變鳳凰。如果說有家長把金錢或時間投資在才藝班，而我們只是轉換成投資在開啟視野與探索世界。雖然無法量化成科目的學習成績，或是報告評量，卻會成為非常滋補的成長記憶與能量。

讀萬卷書不如行萬里路，或許不全面適用於科技發達的網路時代，但某些老派的學習方法與理想實踐的整合，也該讓孩子們知道我們的厲害吧？！至少我們的傻妹，以後碰到貌似上知天文、下知地理的男生，

天花亂墜的把妹時，她的記憶體會快速跑出我們曾經帶著她，一步一腳印走踏的世面與人情。也許就不會被帥哥沖昏頭、更不至於傻傻的照單全收了吧？（阿木至此結論全歪了）

偷天換日

羅小姐週末有個實習工作，羅社長晚餐時，殷殷提醒、耳提面命、鉅細靡遺、嘮嘮叨叨。
「在家裡我們會包容妳，媽媽會溺愛妳、縱容妳，可是在外面不會有人……」
休等ㄐㄧˇㄉㄟˇ
「我們家到底是誰溺愛、縱容女兒？」我問
「好吧……是我！」
社長舉手
答案很明顯吧！

爸爸去哪兒？

PIG

羅小姐唸小學的時候，有位老師跟羅小姐說：「可不可以請你爸爸幫我簽名？」羅小姐很疑惑：「老師，可是我爸爸不是每天都有在聯絡簿簽名嗎？為什麼還要他的簽名？」

羅小弟更小的時候，跟爸爸出門遇到不認識的路人，熱情的要求跟爸爸握手。羅小弟不落人後，對著握手完要離開的陌生叔叔說：「你要走囉？你還沒跟我握手喔！」

姐弟倆從小就自然地接受爸爸常常不在家的偽單親家庭分工；跟爸爸一起時，被注目、被要求莊嚴肅穆，當然在外面「盡」可能（雖然不「盡」如人意）中規中矩地維持自己良好形象——比如在餐廳，爸爸規定老闆好意招待的料理一定要全部吃光光，他們也都默默吞下去了；但是，他們仍然免不了在很多關鍵的時候發問：「爸爸去哪兒？」

爸爸去工作或是去工作的路上！

不管是當農夫開墾山林，或是重回人生道場的政治工作，爸爸總是可能在最後一刻，突然在各種重要的時刻缺席。所以我們全家因此各自練就一顆隨機應變的強心臟，並且把爸爸視為精神導師般的存在……才怪！因為爸爸不常在家，所以碎碎唸的任務，當然

是由阿木來承擔。爸爸就像長官一般，負責回家剪綵致辭，有功嘉勉、有過訓誡，根本坐享其成，就能坐上家庭領袖的衛冕者寶座。

領袖的特質就是一呼百應，我如同苦力般，隨侍在側的苦口婆心，還不如爸爸板臉一句話的暮鼓晨鐘（回音震盪）。大家都以為，成天大呼小叫的我是虎媽；殊不知我才是紙老虎最佳代言人。這樣的角色分工我能接受，畢竟一人分飾多角的單親家長，我演技差、我做不到。有隊友跟我一搭一唱，一起對付小孩（誤），真是輕鬆好多啊！因此，我當然希望爸爸常常在家，以威權領導統御，但爸爸國王的新衣也太容易被孩子看穿，成為全家公開的笑點。

比如說，爸爸找路認路的能力幾近零。羅小弟唸幼稚園還不滿五歲時，跟著爸爸到苗栗，在陌生的城市迷路時，是靠著羅小弟的人肉 GPS 找路，才順利脫困。即使是在熟悉的台北市——他可是前任的北市北區立委，與南區立委候選人，並且從高中起就在這個城市居住——走錯路也是家常便飯。羅氏姐弟索性勸他：「把拔，以後如果你覺得要走右邊，就直接左轉；如果想去左邊，就右轉；想往前走，拜託你立刻迴轉……這樣有問題嗎？」（對不起，小孩翻白眼翻

得這麼好，都是我的錯）

　　被孩子直接打臉的羅爸爸也不以為意；羅小弟的
小日記、還有各種的造句練習，全方位的醜化老北，
也甘願讓他脫下偶包；可以五音不全的和孩子組「黑
狗合唱團」（居然還敢開直播噴噴）；可以一觸即發
的跟兒子教完數學之後，一起交心的泡澡（還要求抓
背與抓龍），這樣的爸爸，跟我和他自己的爸爸都不
一樣。

　　我們成長的過程當中都得到滿滿的愛，雖然不一
定是我們期待的方式。當我們成為家長，也希望成為
我們自以為理想的父母──可以比我們的爸媽再進步
一點、讓自己更彈性一點、讓孩子更自主一點──才
明白這是史上最艱巨的挑戰。我們夾在祖父母的期待
與寵溺、孩子的自覺與放任、還有大環境的價值追求
之間，步步為營，並且在午夜夢迴時，免不了審視自
己的初心想望。

　　我不知道自己還能不能做得更好？（雖然常常悔
恨）但是身為父母，我的家長隊友雖然常常不知道去
哪裡？（而且很多時間他在追尋的途中迷航）但慶幸
的是，他以滿滿的能量示範著不平凡的選擇，卻讓家
人享受平凡的日常；堅持不放棄愛小孩、愛家庭……

好啦！然後順便也愛著我；雖然是公認的白目，至少會傾聽到我理智繃緊斷線的聲音，並以救護車出任務之姿出馬，沿途高調示警，好讓我出門喝一杯咖啡！

　　不管爸爸去哪兒，他永遠都在這兒（手比愛心）。

羅小弟日記

今天爸爸忘記來接我（因為他在書店搬東西），所以我在學校等了一小時，媽媽衝來接我，回到家，媽媽搬出三樣點心，我和媽媽、姊姊一起吃，才把不開心趕走。禮拜四放寒假，我好期待啊！
以下題目，大人和小孩都可以回答

1, 如果家人忘記來接你，你會怎樣？
會怒打電話
2,（接上題）你會怎麼跟家人講？
我會生氣喔
3, 如果老師問你，你要怎麼回答？
我爸每次都忘記

我的神/豬

朋友

生命中有許多決定性的片刻，必須搭配老神在在的心領神會，才能讓自己的命運順行無阻，有時一個踉蹌，再回頭，已經搭錯車去往幽冥的彼岸。

我的公公是祖傳的風水命相師，在世時堅持正派行事，為眾人指點迷津、去凶解厄。我第一次拜訪羅家，就得到他的命盤解析。年輕的女孩兒愛算命，當時的我，邊聽邊點頭，想說我早一步通透天機，日後必能趨吉避凶。多年後回想，與其說我進階了知天命人生，更重要的是，通過媳婦初試的第一關資格審核而已！

夏日巴黎夜晚，我們躺在友人家的地鋪，因為之前某些旅行時的小狀況，讓我大怒神理智斷線。他突然幽幽地說：「不然，回去我們來辦一辦好了！」當時我反應不過來，明明就還在氣惱剛剛的巴黎小酒館事故，回去還辦什麼辦？但異鄉果然讓人心神耗弱，回台北沒多久，我就成為羅太太了！

羅爸爸沒有事先開示我，做政治人物的太太心臟要很大一顆，有各種突發，而且大都不是操之在己的關卡，讓政治工作者天天打怪破關。最怕措手不及的我，要做不想招惹江湖事的配偶，最好的辦法就是宣佈獨立！簡單的說，就是一切靠自己。過去我曾經多

次自己解決修理水電、規劃旅行、財務申報、甚至是打包搬家等等重大任務。這段神力女超人等級的特種訓練，等我當媽媽之後，就精銳盡出地派上用場了；而離開政治場域的先生，很不幸地，居然成為一個不諳世事死老百姓了！

突然就開始養小孩難不倒我，但是，怎麼教小孩就不能等閒視之了！家庭中，父母的角色千變萬化，跟之前我們當小孩時的父母，又是截然不同。當下的時空環境，逼得我們必須與時俱進，成為更進化的父母，依照分工，扮演不同的角色。

我們家的結構，除了一個向左走、一個向右走、反正兩個都不會沿路順走的羅小姐羅小弟之外；基本上還有一個生活技能為零蛋、知識理論滿分的爸爸——一來一回之間，他便常常在及格與不及格的邊緣遊走，媽媽負責所有凡塵俗事，每個各別或共同活動的場控，同時伴隨著在暴躁與瘋狂間穿梭，依大家的表現和互動，陰晴不定的呈現當日的（不）和諧走勢。

所以，我總是佩服因為各種原因，而必須由一位家長獨力養育小孩的家庭。不管大人或小孩，都非常不容易。雖然我的先生，通常是家庭的最大亂源：堅持自己亂中有序、所以不能收納整齊的空間殺手；對

於各就各位、照表操課的理盲；不知悔改的偏食挑食、防不勝防的開第一槍讓孩子立刻跟進；目不轉睛、抓緊電視遙控器或電腦滑鼠、發動全家耍廢運動⋯⋯以下族繁不及備載。

雖然，身為「全國扯老公後腿協會」的理事長，但我不能不承認，教養孩子的時候，必須要有一個搭檔，製造對比或聯合進擊。畢竟孩子從小獸進化為人的過程中，說學逗唱，加上軟硬兼施，偶爾還要浮誇狗血的寓教於樂。此時跟羅爸爸的愛恨情仇就要放一邊，兩人必須有相當的默契與共識，有時候是兩人三腳、有時候要各自登山、要截長補短、守備或進攻交叉補位⋯⋯好在我們認識蠻久了（笑），深知對方的底細，畢竟是兩個狡猾的大人聯手嘛！兩個涉世未深的小孩怎麼可能是對手呢？（才怪）

教養的過程中，總是有脆弱不安或充滿懷疑的時刻，我們依靠彼此的鼓勵打氣或疾言厲色（好吧！我承認沒修養的大都是我），讓我們堅持的生命價值，不打折地傳遞給孩子，並且以親身的實踐，讓家庭成為充滿愛與正向的場域。

羅小姐小學時，暑假作業這麼寫著：

「她很愛耍寶，他常常被我欺負；

她很迷糊，常常忘東忘西，

他是書蟲，書房亂七八糟；

她愛漂亮，他愛耍帥；

她常常愛哭，他總是微笑；

她是個急性子，他很有耐心；

她愛咬我的小屁屁，他總是用鬍渣臉攻擊我；

我喜歡坐在她的腿上撒嬌，我最開心的時候
就是把他當馬騎；

她陪我寫功課寫到快發瘋，他教我數學教到
快翻臉；

她帶我去爬山，他找我去遛狗；

她煮了很多很好吃的菜，他帶我去不同的地
方旅行；

她跟我一起洗澡，他很會說床邊故事；

她讓我抱著她哭泣，他聽我說的小秘密；

她說要陪我好久好久，他說欺負我的男生最
好給我小心……

我要用力的擁抱他和她。

他們是我最親愛的爸爸媽媽。」

與我的豬／神隊友一路扶持或瞪眼，走過蜿蜒曲折的教養路，我不是沒有想過下車走人，但是也因為他的堅持不放棄，我們可以信守承諾的陪伴孩子，以自己的姿態長大。縱使過程中常有迷霧或黑暗籠罩，我們終究一起牽手走過。曙光來臨時，孩子們或許會放開我們，繼續向前走；但他們都知道，阿木與她的豬／神隊友，會在原地笑著等待！

愛的疑問句

昨天先生問我:「記得明天是我們的結婚紀念日吧?」

我:「是今天好嗎?」

羅:「我就是想考妳,怕妳根本忘記了……」

記得又如何

不得假釋

今晚羅小弟問我:「愛我嗎?」

我:「普通……」

羅小弟:「我再給你一次機會哦……愛我嗎?」

我:「還是普通哦!」

羅小弟怒

以後你會明白太愛你的女人才是麻煩

闇黑愛情觀

但他十八歲我就可以假釋了

龍鳳慢慢飛

許多人以為羅爸爸從事政治工作，想必非常積極進取、有企圖心；對於小孩的教養，肯定也是菁英式的栽培訓練；再加上我貌似精明幹練、快人快語，一定是個嚴格鞭策孩子的虎媽無誤。

以上的設定非常接近事實……就好了！那表示我們養的小孩，可以輕易地被父母擺佈、形塑。不知道是幸還是不幸，羅小姐與羅小弟，從小就不是順風順水的溫順小孩，再加上兩個人的性格、專長與能力都南轅北轍，面對他們的邏輯與方式，完全沒有複製貼上的空間，所以我們很早就知道，作為父母，可是要時時戒慎警懼皮繃緊、小心駛得萬年船。（到底是有多害怕？）

雙親最重要的功能，就是兩個人可以聯合作戰、共同對付小孩（偏差）。我們常常背著小孩，商討攻防重點、研議滲透或反滲透的戰術，目標對準的就是各自難搞又刁鑽的羅氏姐弟。長期抗戰之後，還有誰比父母更瞭解敵人——不，我是說孩子——呢？

我們當然知道，該讓成天浸淫在個人小世界的羅小姐，走出自己的象牙塔，直面凡間的應對進退與瑣碎現實，學業成績之外，當然還有其他肯定自己的選項，要培養她積極進取的企圖心，最怕還沒上戰場就

被淘汰出局，未來該如何求生存呢？

　　拒絕長大的羅小弟，不可能是永遠人見人愛的彼得潘，逃避學習、寫作業、還有考試，也該有個了結，是時候將他對人的熱情與貼心，轉移到對知識累積的專注，引導他走正路、別誤入邪魔歪道（關於這點，希望只是與他交手屢戰屢敗的我杞人憂天）。

　　羅小姐小時候曾經學過一段時間的舞蹈（哪個女孩沒有被芭蕾舞裙迷惑過呢？），因為她的肢體柔軟、手腳長，舞蹈老師一直希望她進階學習、練古典芭蕾。老師跟我們分析了她的先天優勢，連羅爸爸都被說動，也加入勸進，但羅小姐跟我說：「馬麻妳知道一進教室就要先劈腿拉筋、至少半個小時的感受嗎？」我想想自己的確不知道（也不想知道），所以我的一票，就否決了一個芭蕾舞新星的誕生（最好是）！事後很多媽媽朋友們替羅小姐覺得惋惜，還跟我說：「妳應該要堅持當虎媽的！」

　　的確，我真的沒有當虎媽的本錢，而且最矛盾的其實就是我。所以，我完全明白羅爸爸。他早早前就說過對兩個小孩的期望：羅小姐喜歡畫畫，而家樓下有一間畫室，她也在那裡學畫了很多年。如果可以，羅小姐就在家樓下的畫室當老師，教小朋友畫畫；然

後羅小弟喜歡人、也喜歡幫助人，巷口的那家便利商店店長，應該是不錯的工作，錢多不多、事少不少都不重要，離家近才是最棒的福利。

「對了！」羅爸爸還說：「鄉下我家對面，有個姓王的，是我小學同學，他人很好很老實，想必兒子一定像爸爸，如果女兒可以嫁給對面同學的兒子，那就更完美了！」（抱歉，到這裡我就翻白眼無言以對了）

是的，再怎麼見過大風大浪的父母，對於自己孩子的期望，就是這麼謙卑。希望他們輕鬆開心，而且胸無大志，就在身邊最好！

孩子知書達禮、品學兼優、允文允武，固然是父母有燒好香；但當我看著羅小姐專注畫畫創作、或是拿著大相機拍照時的表情；還有羅小弟，貼心地為家人遞茶蓋毯，自己設計遊戲情境，自說自話地認真投入、古靈精怪、異想天開──居然隨即在心中默默祝禱：期待他們有幸待在無憂無慮的舒適圈，自得其樂、開心任性地做自己，管它什麼成長的挑戰、能力的養成、人際的訓練、專業的學習，只要保持天真無邪、善良純愛的心性，那就魯蛇到底了吧？（大誤）

做不成虎媽的阿木是什麼？我就是孩子的絆腳石啊！

意在言外

羅文嘉社長跟羅小姐說：「我今天看到一個笑話，覺得超好笑。」

他說：

有個女孩對自己的外貌很有信心，某天她在老闆的桌上看到一張紙，上面居然有她的名字，名字後面還寫了一個正字，她想著老闆果然有眼光，看到老闆便沾沾自喜地問：「老闆，為什麼我的名字後面有個正字啊！」

老闆回：「羅小姐，因為你已經遲到五次了！」

遲到小天后羅慢慢小姐說不好笑

羅爸的弦內之音

傻妹專屬陷阱題

Chapter 2

學校工廠

金牌補習班

羅小姐剛上國三的時候問我：「馬麻，我是不是應該要去補習啊？我們班前三名的同學，都在同一個補習班補習哎！」我回：「那妳知道倒數三名都在哪裡補習嗎？」（羅小姐御賜阿木白眼）

　　因為羅小姐唸的小學，在天龍國來說算是很放鬆的公立學校。一般來說，同校家長的普遍共識，都希望孩子快樂學習。（然後到國中才甘願乖乖就範哈）大家在一起最在乎的，不是考試的日期和內容，而是計畫一起出去玩的主題和形式；或是組隊參加體育賽事的各種訓練細節。所以羅小姐小學玩過足球、登山、路跑、游泳，後來還加碼小鐵人三項；以及與同學、家長，每逢假日就出遊的露營、生態或歷史小旅行、還有純粹玩瘋了的諸多美好回憶……

　　但是無法停駐的成長，還是把羅小姐推上了國中。唸了一年，她的導師跟我說：「其實羅小姐的心還停在國中的校門口，一直還沒進來過……」（這位導師是個詩人吧？！）所以，國中一年級的數學，確定成為羅小姐人生中必須繞道而行的世紀大黑洞；國文與史地的背誦，譬如極限運動，呲牙咧嘴也無法破關；生物課除了心臟血管畫得栩栩如生之外，其他毫無生氣；除了英文沒有落後之外，每天看著闇黑少女的臭

臉，就知道成長必須付出多大的代價。

　　這段期間，我們除了耐心等待與陪伴，大概就是恰如其分的支持了！比如說，羅小姐抱怨每天清晨六點要參加泳隊的晨訓，練完後筋疲力竭，讓她第一節上課沒精神。我就會說：「這樣很好啊！妳可以省去打瞌睡的時間，直接趴下來……熟睡之後，就又是一條好漢了！」這種自以為是的幽默感，當然無法救贖以成績作為評鑑自己能力的國中生；但至少我要讓她知道，阿木可以寬容而且冷靜地陪伴青春期的各種歇斯底里或大驚小怪；甚至可以理性地從側翼觀察她的專長與能力，允許在考試以外發掘不同發展或肯定自己的可能性。

　　也就在羅小姐唸國中時，發生一件離奇的事情：她的某位科任老師約我面談，開宗明義地告訴我羅小姐雖然才國一，必須為二年級的課程打好基礎，希望我要好好督促孩子，最好要增加額外的補習，否則恐怕跟不上……巴拉巴拉巴拉（補習萬能的各種演繹與詮釋）

　　「我教學工作很忙，但是如果真的有需要，我可以想辦法抽出一點點時間，每週一次幫她補習……不過我要先聲明喔：我很貴，非常貴，一個小時要

XXXX 元。」（整段話講完，阿木只覺得他說自己貴的這句不是鬼扯！）

生命中以血淚換來的處變不驚，這時就要拿出來應用了。我先說：「因為我家弟弟還小，假日家裡太吵雜，可能不適合上課……」

「那簡單！我可以幫忙找到適合的地方。」

「最近女兒週末都要去做復健，時間好像比較緊張……」

「時間有彈性，為了同學能進步，我可以配合調整其他人上課的時間……」

逐漸被逼到牆角的我，為求脫身，只好說：「我回去立刻排一下時間，也跟女兒商量一下，然後盡快回覆老師，看什麼時間方便喔！」

給了似是而非又語焉不詳的承諾，我總算逃離了差點讓我栽了跟頭的案發現場。才剛到家，就收到老師的簡訊：「請問何時可以跟我確認上課時間？我要調動其他同學的時間來配合你們喔！」

老師這種鍥而不捨的精神，不做直銷真是太埋沒了吧！但經過反覆思量，並且考慮羅小姐作為人質、要繼續在學校上老師的課……我最終找了一個跟老師相同等級的鬼扯說法：最近時間實在排滿滿，之後一

定找時間，請老師到時一定要幫忙巴拉巴拉巴拉。同時我私下找了導師，告知狀況，才知道這種濫用教師職權的行徑，已經不是第一次，校方似乎無可奈何。但我彼時有各種顧忌（是的，因為爸爸曾經是個名人，不想讓孩子在校園裡被注意），所以只能請託導師，她果然代替了我，在學校張開母雞的翅膀一般保護了我的小孩，讓我衷心感謝。

不要以為我無條件排斥補習，我只是想辦法不讓自己被分數沖昏頭，而是先去欣賞孩子的其他能力——當然不是考試的能力。而選擇補習，就跟所謂進名校一般，如果自己的小孩沒有一定的程度，送去全是前段菁英的團體中競爭學習，下場不是落荒而逃、就是戰死沙場啊！如果真的無法應付學校的進度，我寧願讓孩子自發性地提出具體需要的協助：比如科目、學習方法、學習進度，透過親子的討論釐清，並且得到共識，再來才能對症下藥。

而更重要的是，學校教育裡不只是學科學習，要讓孩子知道，發掘自己的能力、性向、還有交朋友、跟人相處，對我們來說才是更重要的指標。有次我跟羅爸爸說：「如果每個人擁有一定的好運氣，我情願孩子把運氣留在碰到好的朋友與伴侶上；至於考試運

呢？就是其次了？！」

羅爸爸自以為聰明的貧嘴：「所以，你的好運都梭哈在找到好伴侶了嗎？」

我冷冷地回答：「不，你誤會了！我才是好運都用在考試的受害者啊！」

黨庫通國庫

早上羅小姐出門前，阿木衝到門口問：「妳是不是沒錢了，要不要阿木罩妳？」

羅小姐遲疑了一下……

我：「我頂多唸妳而已，但我還是會給妳錢啊！」

羅：「但把拔都不會唸，就直接給我……」

直接斷社長銀根

看你如何黑箱作業非法融資

實驗教育的
實驗

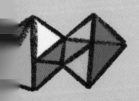

在我們的家庭相簿中有一系列的照片，令人印象深刻，那是羅小姐考完國中會考後的某個晚上，她從房間抱出了所有國中三年的教科書與參考書，身為少女界的巨塔、高人一等的羅小姐，站在堆高高的所有書旁邊，還是矮了一截！五短身材的阿木加上踮腳尖，站在書堆旁也依然是小矮人。這個深夜完成的裝置藝術，擺在我們家的客廳，雖然突兀，但也是青春的印記。

彼時羅小姐已經決定，未來三年要離開傳統的體制，進入她想學習藝術領域相關的實驗教育機構，開始她人生第一次自主的學習方式探索。對於我們家來說，這是個醞釀了好幾年的重大決定。當羅小姐唸國一時，我們對於缺乏想像力、也沒有現實感的國中教材內容，不再懷抱期待；也不想孩子繼續被制約與奴役。

當然，羅小姐本人也無法駕馭或產生熱情；於是我們開始了解研究體制外的實驗教育機構，甚至跟羅小姐討論，要在國二離開當時的校園，也找到一間（我們都覺得）理想的實驗教育學校，帶著羅小姐去認識、去面談、去筆試，連學費都繳交了。但是最後一刻，羅小姐告訴我們，她不想那麼早離開家（學校在外地、

需要住校）；而且還是想跟現在的同學們，一起同甘共苦的準備高中會考，覺得那會是很重要的青春里程碑。少女心、海底針！還好父母夠鎮定（裝的）；我們當然尊重她的決定，唯一要求她必須親自去信，詳細告知實驗教育學校，她改變心意的始末。這是她為自己做決定負責的態度展現。

而羅小姐對高中的實驗教育，卻是勢在必行也充滿期待。可惜她考取的影視音專門學校，似乎跟少女蓄勢待發的熱血不合拍，許多專業課程的設計與產出質量不足。開學一個月後，羅小姐開始陸續遭遇許多不能操之於己的挫折，我們密切的觀察實際發生的各種狀況後，決定轉學。羅小姐進入另一個實驗教育機構，在那裡完成三年的學習。

現在說起來雲淡風輕，而且還語焉不詳。主要的原因是，孩子當時因為種種原因，深受打擊。我想就事論事的以家長的經驗與角度，談談我認識的實驗教育現狀。

我自己認為實驗教育的定義，是教育形式與內容的實驗。但受教對象的本質不應該是被實驗的一環。

簡單地說，學生本人不應該被實驗。比如說，可以用各種方式讓孩子學習自主與管理；可是不該去實

驗孩子的自制力或情緒性，那些是該被好好引導或面對的。實驗教育除了學習方式之外，學習的內容也很重要，該如何讓團體運作流暢？校務相關的行政管理更是關鍵。家長當然有可能因為實驗教育的需要，會有較多的參與或投入，這些都是實驗教育環環相扣的重點。

我們曾經在實驗教育受過傷。但幸運的是，羅小姐本人很快就察覺苗頭不對，在後來每況愈下的環境中，所有的闇黑打擊與冷嘲熱諷，當時 16 歲的少女也挺過來了。好在之後也順利轉學，進入屬於她的實驗教育場域，並且快樂又深入的學習。像所有同齡的孩子一樣，不切實際愛作夢、能坐絕不站、懶於清潔灑掃、勤於滑手機、限時動態……實驗之後，果然還是個膚淺幼稚的少女無誤。

但作為父母，我最感謝實驗教育的過程，讓羅小姐產出許多作品：不成熟、尷尬彆扭、樸拙平淡、鋒芒畢露、令人驚豔的各種個人風格鮮明的創作。她曾經說：「媽，我知道這些讓妳很燒錢，可是我也有認真燒腦喔！」是的，所以阿木會好好珍藏在心中的那個 MOMA 當代美術館，件件獨一無二，都是我的非賣品。

雖然曾經痛徹心扉的傷口痊癒之後，終會留下疤痕，但那是成長的印記，我想日後的她，會面對珍惜並深深感謝。因為那些都變成最肥沃的養分，幫助她以最適合的姿態，向天空伸展。

人倫杯具

羅小姐說晚餐後想去買豆漿，羅爸打蛇隨棍上，要羅小姐順便幫他去拿藥。
我說：「這麼冷，你還要女兒去幫你跑腿。」
羅小弟：「對嘛！把拔你這樣都不孝順！」
全家綜藝摔
羅小弟：「把拔你要尊敬姊姊。」
阿木射出冷箭
「不是不是，我是說你要尊重姊姊！好嗎？」
生活課到底是上了什麼？
難怪全家君不君臣不臣

機器人冠軍
教我的事

羅小弟唸幼稚園時，學過畫畫、打擊樂……這些是文青爸媽，對孩子學習喜好的想像。好在我們沒有把幼時的遺憾或憧憬投射在他身上，經過一段時間後，發現羅小弟的塗鴉或敲敲打打毫無樂趣可言（包含本人與觀賞的家長），所以很快認賠殺出。當然，世間所有的相遇，都是久別重逢……多年以後，誰知道羅小弟會不會成為繪畫或是音樂的一代宗師呢？又或者，他在哪個晦暗的時刻，靠著某一段旋律或某一個視覺的震撼，為生命的出路指引打光……這樣便是值回票價了！

各種不受控的羅小弟，每一段學習經歷，都堅持自己自由的感受悲歡離合。屢試不爽後（是真的不爽！），在文科主打的家庭中，羅小弟竟也誤打誤撞的進入了我們全家沒人能理解的學習領域：改變世界、操控人類、征服全宇宙的秘密任務（並不是）！

坦白說，我從來沒有搞懂羅小弟的 AI 機器人課程到底學了什麼？初始羅小弟在幼稚園大班時，跟著老師玩實驗，沒有具體的學習目標（我），只知道他每次上課，就是在遊戲中動手操作，莫名的就會玩出類似槓桿、離心力、或是爆米花等等更難我也說不出來的科學原理。上了小學二年級，某天老師突然問我要

不要試著讓羅小弟玩比賽？雖然阿木滿腦子黑人問號……到底是要玩什麼比賽？但瞬間顯露無知乃兵家大忌，只能敷衍地說好啊好啊！然後再來且戰且走。

從訓練開始，我就是個不負責任的家長。除了添購一台最陽春的筆記型電腦，以及機器人裝備（有點貴，所以決定日後要多比賽才能攤平）之外，只能做到準時把羅小弟送到教室。至於訓練的內容是什麼？羅小弟學了什麼？比賽到底比什麼？這些適合理科太太回答的問題，文青阿木只能攤手，並且在老師的行前說明會，假裝勤做筆記……其實是在整理比賽期間的全家出遊計畫。因為第一次比賽是遠征南台灣，包含兩邊祖父母在內，全家出動，組成陣容龐大的不到場加油團，直接進行市區一日遊行程。

只剩下阿木留在現場，與選手共進退。我是從那時開始，才在其他熱心家長的指點解說中，逐漸摸索、進入機器人比賽的世界……意思就是我雖然是瞎子，但終於還是開始摸象了。

因為羅小弟算是比較小的參賽者。所以我觀察的不是他在比賽中的能力，阿木比較在乎的是，他在團隊中跟別人合作或互動的能力。正式的比賽中，教練與家長都必須坐在距離遙遠的看台（乾著急）；剛好

適合神經大條的我，不會因為現場的一舉一動而緊張焦慮。雖然事後知道狀況還是讓我捏了把冷汗⋯⋯

兩個姊妹隊友，因為解決不了的障礙，各持己見吵起來，剩下唯一的隊員羅小弟，在煙硝戰火中發現，可能只是某個線頭沒插好⋯⋯結果居然被瞎貓羅小弟碰上死耗子，瞬間闖關成功；接下來要輪流取悅兩個可愛但氣噗噗的小姐妹，並且促成全員大和解，所以第一次參賽的最大成就，靠的不是專業，是冷靜與左右逢源。

接著是首次在台灣舉辦的世界盃，羅小弟雖小，但反正學個經驗也就報名了！場內氣氛劍拔弩張。因地利之便，許多參賽的台灣選手都是志在必得。在看台上，只見場內羅小弟溜溜滾滾、還跑去找裁判聊天。突然有選手打起來，眾人架開制止，場面才獲得控制。

咦？羅小弟怎麼在兩邊跑來跑去？還在兩個打架的國中哥哥耳邊講話？

事後羅小弟跟我說：他跑去跟打人的葛格說：「你要冷靜別生氣啊！動手就輸了。」然後又到挨打的選手耳邊輕聲細語：「葛格你還好嗎？要加油喔！」

阿木驚：「你認識他們嗎？」

「沒有，今天第一次見面。」

「那、那、那你幹嘛找裁判聊天？」

「因為不大懂題目啊？！跟裁判聊天問問題，他會很詳細地解釋給我們聽。」

作為無知的選手家長，我沒辦法像其他家長，可以給孩子專業上的協助、或是具體達成的目標設定。但是我衷心地欣賞，比賽過程中，所有孩子解決問題的能力；保持冷靜、隨機應變的不屈不撓、不放棄；以及在團體間，學習生存，即使吵架也要努力折衝協調，找到共識的結果。羅小弟充分享受了（有點過份享受哈哈）比賽的過程，整個比賽場，就是羅小弟的遊戲場。更幸運的是，有些還附加了得名的獎勵。以他的實力來說，這些天外飛來的樂透彩，就是最棒的禮物了！

羅小弟日記

最後兩天的機器人課都好難喔！

難到回家都不想動腦筋⋯⋯今天最後一天，回家跟大家分享我學會一個 App，就是如果出門才想起來，忘記關電燈，只要用這個 App，在外面就可以馬上關燈了。

爸爸說：「你要趕快幫媽媽設計一個忘記鎖門，然後會自己上鎖的 App。」

我說：「媽媽有好多 App 要靠我來解決哦⋯⋯」

題目：大人小孩都可以回答。

媽媽常常忘東忘西，你要怎麼辦？

 # 嚇唬誰啊！

 # 不要把媽媽的秘密講出來好嗎？

分數大翻轉

放學時候，羅小弟在學校碰到了同學家長，那位媽媽親切問候羅小弟：「今天考試考得怎樣呢？」

　　「還不賴喔！我考 82 分」

　　「哇！那很不錯啊！」

　　「跟你開玩笑的啦！我是考 28 分……」

　　同學媽媽說給我聽的時候，笑得花枝亂顫，她是真心欣賞羅小弟的坦誠。我卻有點笑不出來，雖然我完全能想像，羅小弟因再次成功取悅女性、得意洋洋的樣子！

　　身為體制內的小學生，羅小弟不愛考試已經舉世皆知。雖然身為父母的我們，從小就是考試的常勝軍，跟著學校老師的節奏，按部就班，似乎是最理所當然的選擇。正因為如此，從羅小姐開始，我就告訴孩子考試不用追求一百分；因為考試，不過就是讓自己知道哪些學會或沒學會的方法。分數不是評鑑個人能力，而是認識自己學習的程度。不知道是不是我教錯了？（哈）羅小弟因此隨時充滿了自信，即使他的考試成績，總是令人不忍卒睹。老師和家長絞盡腦汁，文攻武嚇的想遍各種方法，希望讓羅小弟主動自發地，產生對考試的企圖心與好勝心，但是全部一敗塗地。是的，我指的是大人的機關算盡，與羅小弟的考試成績。

羅小弟的考試要看心情（至於要心情好或心情壞誰也摸不清）。但平常他獨處時，喜歡閱讀或自己設計遊戲（因為家長沒有提供電視或 3C 選項）；可以自己料理日常的生活起居（除了常常搞丟水壺或忘記餐袋之外）；沒有大小眼、四海之內皆朋友（很難找到功課比他更爛的了！）；上課時，在團體中的表達或參與也頭頭是道（是一個不甘於寂寞的命格）；是所有家人的開心果與貼心暖男（財產若都歸他名下我將來只能跟羅小姐喝西北風嗎？）所以我在想，我到底圖的是什麼呢？

　　我其實一點也不擔心羅小弟的生存能力，他還在念幼稚園時（大概 5 歲吧？），有次跟爸爸一起開車到新竹，對他而言，是個完全陌生的城市。依照慣例，羅爸爸又迷路了。在看起來都很像的街道中，不斷鬼打牆（那時車上沒有裝 GPS）。羅小弟終於忍不住跟爸爸說：「我覺得應該是從前面那個便利商店右轉，我有印象，剛剛我們從那裡轉出來。」羅爸雖然覺得小子很會唬爛，但無計可施之下，決定試試看。羅小弟再次反轉我們對小童的設定，他居然找對了！羅爸說他當時到達目的地，彷彿看到天上劃下一道金光（路痴爸爸的怪力亂神）。

從學校的考試，我完全看不出他的學習成果。但是找路、觀察環境、正確使用 GPS、還有處理家電產品的大小問題，以及精準找到可以讓他達到目的的各種方法，我暫時還沒發現可以超越他的外星人。如果我在考試成績，與他迷人的特質之間，必須要二選一，我想我會放棄前者（但為何不能魚與熊掌嗚嗚）。我開始試著**翻轉**，雖然年紀漸長，腦袋也不再軟 Q，但我還是要努力成為接住這個獨特孩子的母親。

　　在他品格與價值觀的建立，不能退讓；英文學習是唯一沒得商量的生活技能；其他科目的成績表現，就以不讓學校或老師崩潰為目標；若能慢慢推進他的主動學習，我就會給他國慶煙火等級的讚美。只要他繼續帶著莫名其妙、打死不退的自信心，開心的經歷並探索屬於他的獨特學習歷程；有幸能一直以健康的身體走跳成長；最好永遠都不要失去最珍貴的愛人的能力。

　　每當他吃完晚餐，總是不甘寂寞地打電話給鄉下的阿婆，與台中的老爺，兩位獨居的祖父母噓寒問暖，我便希望他不要忘記，他是上天給我們最棒的禮物！

升等

羅小弟帶了兩張考卷回家，一張一百分、一張九十幾分……

來賓掌聲鼓勵

趕快開窗看外面剛剛是不是下紅雨了

因為這兩張考卷，讓羅小弟的積分暴增至六點！他興高采烈地問羅文嘉社長：「如果我變七點，可以直接升等十點嗎？」

打蛇隨棍上之十點可以看電視

沒有這種升等

升天好了

控制

羅小弟跟羅爸爸要手機被拒絕，他問爸爸為什麼？

「因為我不想讓你被手機控制。」

「但控制我的明明就是你啊！」

小學三年級時的羅小弟，便可以這麼凌厲地回嘴，應該可以得到兒童界的諾貝爾獎了吧？

身為得獎人的阿木，我可是一點都無法欣喜若狂。畢竟我是「不受控受難家屬聯誼會」會長，每天要跟羅小弟舉一反三的反骨邏輯奮戰。雖然以為自己佔盡成人掌握世界的主場優勢，所以常常開示羅小弟：「我說東、你就偏偏要說西嗎？」誰知他立刻秒回：「所以我說東、妳跟著說東就好了啊！」我的啞口無言宣示棄權，並且真心認為羅小弟對我的洗腦成功，是啊！我幹嘛要一直忤逆他呢？（大誤）

碰到一個腦波異常、來自外星球的孩子，要修鍊的其實就是家長。我自己的、再加上曾經手過羅小姐的成長經驗，基本上追求的都是循規蹈矩。現在的我，完全想不起來，自己的弟弟小時候有過什麼樣的調皮搗蛋？唯一記得有一次，是小學生的我，要帶著唸幼稚園的弟弟，一起走路去上學。離開家沒多久，弟弟沒來由的、突然蹲在地上不肯移動，不說一句話。大概就是低頭畫圈圈，進行某種神秘的冥想。對我的好

說歹說不為所動，那是我生命記憶中，老弟最難搞、最無法掌控的一次。

總之，我對於男生的離經叛道，實在缺乏想像力。因此，羅小弟始終介於人獸之間的文明演化，仍然充滿未知數。雖然他經歷了幾年的學校生活，總算是從天然的山洞中站著走了出來，但我還是無法找到馴養他的最好方法。（我不要被他馴服就是萬幸了啊！）做為萬中選一，來當羅小弟家長的幸運五星彩中獎人（或者因為上輩子是陷害忠良的秦檜？），我只會繼續發揮好學生本能，認真學習如何做個不迷路的吹笛者，帶領羅小弟快樂學習成長。

問題是：阿木在好學生的規範框框中，變成現在的大人，我該如何界定羅小弟的框框？到底該是孫悟空的緊咒？還是浩瀚宇宙中的星海羅盤？我至今也還沒有參透。

羅小弟從小被我們「放養」，他甚至覺得自己是狗，還曾經為自己取了一個狗名字。進入學校體制之後，非常興奮……因為突然可以認識許多年齡相仿的小朋友。對羅小弟而言，與其說學校是學習的場域，不如說是最好的社交場所。小學入學後被分到一年十一班，那是一所人數眾多的明星小學（一個年級有

十三班）。羅小弟從大門口進入，會從一年一班開始經過，依序走到十一班。大概是第一個月以後吧？陪著羅小弟進班，就猶如每天走一場紅地毯。沿途有老師、同學、還有同學的媽媽，都跟他揮手、招呼、聊天問候。小一教室都在一樓，後來邊走邊聊的同學，居然還要中途上樓梯，原來羅小弟的交友範圍，已延伸到二樓以上的中高年級。短短的下課時間，他會做好分流管理，前段先跟他的好哥們追趕跑跳；後段再跑到遊戲場的一角，跟約好的女同學們說說笑笑。如果小學就有學生會普選，羅小弟肯定可以高票當選學生會長吧……我想。

但是說到正規課本的學習與習作，那可就是羅小弟的心頭大患了。上課喜歡跟老師同學互動，但對沒來由、或不知其所以然地背誦很有敵意；對於一切重複的書寫不耐煩；要在限定時間內埋頭苦幹的寫試卷，覺得浪費時間。我們常常對他說：「羅小弟，不要再玩了！要趕快進入那個世界……」對！就是那個定下心來寫功課，或是寫考卷的涅槃境界。但羅小弟會戲劇性地搖頭再加上浮誇的語氣抗拒著：「不要、不要！那個世界有大野狼！」孩子，如果你不遵循大眾化的遊戲規則，真實世界才會有無數大怪獸等著你，知道嗎？

而阿木能做的，就是代替羅小弟，低著頭，假裝謙卑順從的在學校接受老師們的各種教誨與客訴，仔細的溝通說明、還加掛保證，讓他們理解並有條件的接受，這個自有主張並且不按常理出牌的孩子。我想盡量的保護他，盡可能保有對世界純粹的想像、無敵的陽光正向、沒來由的自信、和天殺的機智靈巧，只要面對功課與考試的時候，我的天眼能夠自動失焦，羅小弟就能繼續溜溜滾滾的自在快活，並且帶給身邊所有人，無比的快樂幸福與希望！

　　光憑這點，應該可以讓他繼續控制腦弱的阿木吧？！

高年級的日常

羅小弟高年級第一天週五全天班。
下午接他放學時，他告訴我，學校老師們傳說他轉學了！
阿木：「蛤？蝦米？為什麼傳你轉學？」
羅小弟：「因為我開學之後，變得好安靜哦！」
原來你之前吵到全校皆知
高年級生的沉默
你是累了不是長大了吼

執迷不悟

羅小弟是個萬人迷。只要接觸認識他，很少能逃過他的手掌心，除了需要長期照顧教養他的人，比如父母或老師，當然我們也愛他，伴隨著氣急敗壞爆青筋。

羅小弟的迷人，跟他的個人風格脫離不了關係：總是笑臉不認生（無憂無慮快樂的生張熟魏）；身手矯健（從小在鄉下野放的訓練）；貼心助人（里長性格、以喬事刷存在感）最重要的是，他有絕對的自我主張、鮮明的個性、積極地執行……總是執迷不誤、無法妥協。

原本唸了一所人人稱羨的明星小學。但學校很重視分數或業績（比如學生圖書館借書數量要達標，卻不在乎學生是否真的喜歡閱讀……），而真正壓垮家長的最後一根稻草，卻是學校的一只徵求桌球校隊的公文。上面列舉的條件，學生必須品學兼優；各主科成績至少要九十分！更可怕的是，大部分的家長或老師，沒有人覺得不妥。所以讓學校可以繼續臉不紅氣不喘、理所當然地彰顯不合時宜的教育觀念與價值。

雖然羅小弟不打桌球（那紙公文根本與他無關），卻因此只唸一年，就決定轉學到被稱為「都市中的森林小學」，在這個更重視學習樂趣、多元價值被肯定的新樂園（對羅小弟來說），他更強化了自己的喜好，就是抗拒不斷重複的書寫、背誦，以及無趣的理解或學習過程。

他忙著交新朋友、踢足球、在山腳下的美麗校園尋寶、遊戲、以及沈浸在無比寬廣的想像力小宇宙。但這畢竟是所體制內的公立小學啊！面對大多是規格化產品、生產線的老師們，忍耐也有個限度。

有天校長碰到羅小弟，試圖以兄弟情誼、勾肩搭背（雖然那時他還是個小矮個）的打動他：「我說羅小弟啊！校長要求不多，可是最基本每天的學校作業，總要按時完成吧？！」羅小弟做了一個理解的老江湖表情，然後說：「我懂！但是，我媽媽要我轉學來這裡，就是要我快樂學習啊！校長，你不要把以前學校那套，放在我身上啦！」校長事後跟羅爸爸轉述這段對話，兩個大男人站在學校的荷花池前，背著手遠望蟾蜍山蒼涼的背影，彷彿預示了未來大人們教育羅小弟的崎嶇與坎坷。

「聲東擊西」是羅小弟初始最慣常使用的伎倆。比如：跟老師說他的作業放家裡、忘記帶；跟家長說老師沒有給他作業本、所以他沒帶回家。但很快，大人以頻繁使用通訊軟體，彼此溝通確認來破解。後來，羅小弟索性高舉不服從的旗幟，夾雜假意服從、但其實是敷衍了事，來面對學習作業。到了考試的時候，又來生事端，通常在月考前夕，老師都會有小考，讓同學們評量做複習。羅小弟通常小考成績還不錯，但到了月考，卻是大

崩盤！問他為什麼成績差這麼多？他還振振有詞回答：「不是上個禮拜才剛考過，為什麼還要再考一次？」所以，他的月考考卷常常是大片的空白，因為他不想寫！（登愣）

問他：「可是大家都在寫考卷，你也不能出去玩，你不會無聊嗎？」

「不會啊！我可以唱歌或者是講故事給自己聽啊，寫考卷才是無聊呢！」（還要補一槍這樣）

羅小弟不只是你，我們也常常要勉強自己做些不喜歡的事情啊！雖然尊重孩子做自己，是我們期待孩子與眾不同的教育方式，可是此刻這種拿石頭砸自己腳的感覺，還是錐心的刺痛與無可奈何啊！學校體制是一條龍的工廠生產線，特立獨行於成績表現之外，會被界定為不良品；甚至讓我自覺在體制內矮人一截。而接著就是節節敗退，讓孩子服從體制、安分守己嗎？我總在過猶不及之間擺盪。

既想以母雞的姿態，誓死維護羅小弟，保持他天賦的敏銳、創意、熱情與古靈精怪；又不時想按住他的崢嶸頭角，只願他安於平凡規矩、亦步亦趨地滑過水清無痕的成長歷程。因為太多的糾結折磨，我開始思考：執迷不誤的到底是我？還是羅小弟？是羅小弟拒絕長大

進入目標導向的人生？還是我習於好學生模式的偏執？我想要的抬頭挺胸，是因為羅小弟的自信堅持、對循規蹈矩不肯就範？還是由別人肯定、造就家長虛榮感的教養有方？我常常問自己這一題，卻總是找不到標準答案……

白丁之亂

出動全家人力，輪番文攻武嚇、軟硬兼施、馬拉松式複習之後，羅小弟今晚推門後大聲宣布：「我的英文升級考過關了！」

 # 以下省略小子耀武揚威囂張浮誇五百字

羅爸冷眼旁觀，冒出一句：「你可不要樂極生悲囉！」

羅小弟：「我就是太高興才會一直講啊！我以後知道要認真背單字，不要打混。」

「對了！樂極生悲是什麼意思？」

 # 除了英文還有國語也可以一起升級嗎

三十年後還要

愛自己 乙

給羅小姐的畢業備忘錄

生命進入新階段的年輕女孩，想送給妳一份備忘錄。或許妳會說：「天啊！又來了……」再送我一個克制後不著痕跡的白眼，禮貌地睜大眼睛，準備好忍耐第一百次的老生常談。我明白，把所有囉唆當耳邊風的任性反骨，就是青春啊！畢竟我也曾在當年發揮得淋漓盡致，沒在客氣的。所以我就直說了吧！

　　首先：失敗有什麼關係？

　　前幾天聽朋友說，她唸大學金融相關科系的兒子為了投資股票，所以要打工賺錢，阿桑閨蜜們小氣巴拉地追問：「做股票會不會賠錢啊？」年輕人說：「一定會賠錢的啊！我們同學都賠……」既然賠錢，幹嘛還重道覆轍？「因為這就是我們的學習與練習啊！」

　　如果設定好自己學習的過程與目標，然後又是靠自己投資時間、金錢（或新鮮的肝），明知不可為而為之的失敗，不只是浪漫或帥氣而已，還要能夠在付出代價之後撈一票。包含失敗的磨練、跨越否定情緒的推拉、以及誠實面對自己的勇氣。至少下次在面對輸贏的時候，可以不要緊張得手足無措，盡情表現實力或能力，做一個堂堂正正的魯蛇，絕對是青春專屬的會員福利。

　　然後是：積極沒什麼了不起？

　　父母親最常跟孩子說：要努力！我一直以為憑這句

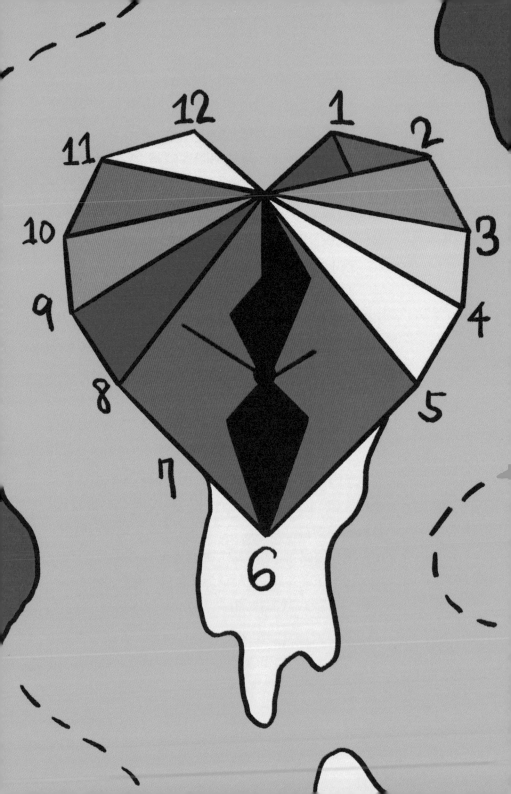

咒語，就可以擺佈與制約孩子（我是這樣長大的）。後來有樣學樣，努力催眠小孩。但當時還在唸小學的羅小姐居然說：「我不喜歡努力！」這記直球打醒我！原來努力不是理所當然，尤其是對學習、或自我探索的條件與環境，更優渥的年輕人而言。

與其說努力是各自表述的瞎子摸象，積極才是行動派、熱情正面的能量。冷淡或無感也許可以掩蓋自己的怯懦，但無助於妳的人生。即使積極不能保證成功（命運要告訴妳，祂才是老大），至少，可以讓妳不至於捶心肝、後悔莫及；反而可能加速的從氣餒中站起來。妳應該知道，打怪的時候，如果一敗塗地，只能砍掉重練，靠的就是不服輸的狠勁。積極努力對妳們來說也許太八股，但不放棄的疾馳奔跑之後，說不定真的有機會長出飛翔的翅膀。這種漫威風格的都市傳說，等著妳們熱血的實現，並且安慰或振奮埋頭苦幹，卻已然疲憊淡漠的成年的我們！

最後：愛人有什麼道理？

不管是否喜歡，妳的生活逃不了跟人相處的課題。可以選擇保持距離、可以默默冷眼旁觀、可以契合的相濡以沫、也可以掏心掏肺的兩肋插刀。在現實的層面上，好的人際關係可以幫助妳風生水起、無往不利（並沒有）。

但大多時刻，所謂的朋友，不過就是衝撞妳的親密底線；給妳找麻煩；硬著頭皮、不得不收拾殘局；甚至出奇不意的背叛、讓妳狼狽不堪的傢伙。因為妳在朋友面前，可以完全的放鬆；擁有共同的情感記憶；一起羨慕嫉妒說壞話的對象；還有某些永遠不會忘記、共同感動的瞬間。所以妳才會不設防的，真實經歷生命裡的刻骨銘心。

如果可以的話，請不要吝嗇，熱情的擁抱身邊的人。感受活生生的溫度，來療癒並振奮孤單的自己。當然，愛有多深、傷害只可能更深。只有學會付出，才可能理解生命中陰暗的可悲。因此才會變成一個堅強成熟智慧，卻依然有血有淚、依然柔軟的大人。

失敗也沒關係；積極但不保證成功；還有不分青紅皂白的愛人，我是不是都在教你做蠢事？好像是喔！我多麼希望妳一路跌跌撞撞，終能化險為夷地開展屬於妳的奇幻旅程。聽說「傻白甜」可以讓所有的事情變簡單一點，這個部分我沒有經驗。我總是瞻前顧後想太多，太在意別人的感受，情願自己多做一些，捨不得讓人不悅或尷尬。但我漸漸朝向隨心所欲，可以靠年齡與經驗，任性對人指手畫腳的生命階段，也就是終於站上「責任制」的爽缺。

妳偶爾（還是常常？）會受不了我的大鳴大放、有

話直說;或者無謂堅持、冥頑不靈;有時還會多愁善感、歇斯底里。即使如此,每天看著鏡子裡的我,雖然失去了大量的膠原蛋白,但是增加了許多自在、理解還有各種成長的印記。

我依然沒有停止的愛自己,在青春逝去的多年以後。

祝福妳亦當如是!

重新作人

羅小姐難得一早七點多就起床了,阿木大驚:「妳要重新作人了嗎?」

羅小姐笑笑:「我乾脆重新投胎好了⋯⋯」

阿木:「妳重新投胎還是可以來做我女兒哦!」

羅小姐:「好啊好啊,不過妳要不要考慮嫁一個比較好的?」

我問哪裡要比較好?
她説至少呼聲小一點
羅爸一早起床就中槍

Chapter 3

教室以外

家長聯盟

小孩進入學校體制之後，家長也要開始佈建或加入特定的團體；這裡就是一個社會的縮影，你的政經地位、專業領域、與參與程度，決定了自己（也許還加上孩子）在小社會裡的階級與角色！

　　羅小弟的小學入學，是在天龍國蛋黃區的明星小學。開學第一天，我就被家長們的名牌穿著閃得目眩神迷，頻率之高，彷彿進入品牌新品發表會。孩子們更是各個眉清目秀、天資聰穎。老師開學上課是問同學：大家暑假都到哪裡度假啊？而且小一新生的借書總量，不管是否讀懂讀完，務必達標──因為老師帶的班級，全部都是圖書館金博士、銀博士，沒有例外。

　　感謝老師慧眼（姨），常常指定我進班講故事。小一下學期，剛開學不久的某天，講完故事一個孩子來找我，說：「你知道昨天國語小考嗎？我考 98 分。你知道羅小弟考幾分嗎？」

　　我笑笑回答：「哇！你好棒喔！我當然知道他考幾分啊！」（內心跑馬燈：剛學完就考的國語，羅小弟考 80 分應該算不錯了吧？）

　　同學又說：「我馬麻說，羅媽媽你就是太放任，所以他才會考這種分數……」

　　小子教訓我頭頭是道的樣子，讓我瞬間錯亂，以為

他是大人、我是不受教的小孩；好在我瞬間清醒，馬上找先生討論，並且明快的決定，我們與蛋黃區明星小學家長群格格不入。為了不要繼續做害群之馬，所以要儘快捲鋪蓋走路，帶著羅小弟轉學，到市區另一個號稱「都市中的森林小學」就讀。

這裡曾經是羅小姐的母校——每年級只有兩個班的小校，但一直以來，會把小孩送到這個學校的家長們，保有高度的共識，都是希望孩子在蟾蜍山腳下的校園綠地中，享受自然、快樂學習，並且接受多元而開放的教育。因為想法接近，所以家長們的凝聚力強。

羅小姐唸小學的時代，家長們會一起帶孩子運動、露營、騎車、爬山等。並且在過程中，搭配著為孩子上自然課、社會課、天文觀星、台灣史地、甚至還有人際溝通課……家長們事先講好：在學校或任何場合，遇到別家的孩子，都要幫忙留意孩子跟大人或其他小孩交流的細節：比如，有沒有正視對方打招呼？表達或問候是否清楚流暢？還要適時引導，幫助孩子反覆練習。一群家長，不只是易子而教，而是所謂用一個村子的力量，來教養所有的孩子。（It takes a wholw village to raise a child.）

當他們逐漸長大，家長更組成互助的支持團體，合

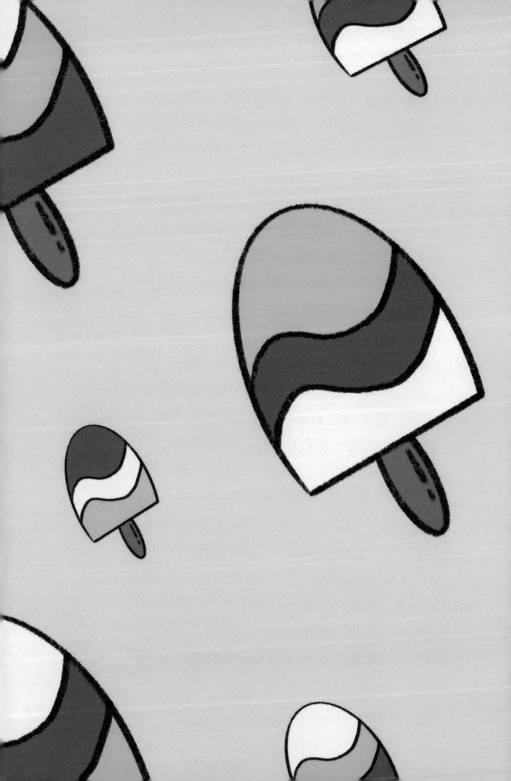

力對付叛逆、臭臉、耳朵硬的青春期少年，同盟會成員定期的彙報他們的各種倒行逆施，以及我們的委曲求全，然後互相分享彼此側面得知，你家我家孩子的弱點或小秘密，再來合力訂定作戰計劃，才能各自回家搞定孩子（才怪）。這種同仇敵愾（誤）的家長聯盟，不只是人多勢眾的作戰隊伍，更是撫慰家長心靈的妙方……不是人單勢孤，我們是打擊惡魔（大誤）的強大團隊（自己說）！從小學、國中、高中到大學，家長聯盟手牽手，一起浴血奮戰、突破重重難關。

羅小弟轉學之後，我們發現這裡的家長還是維持高度參與的傳統時，真是大大鬆了一口氣。尤其更看到現在的家長們與時俱進，用更進步的觀念方式與腳步，拓展了學校有限的教育資源與模式，還能配合老師，開發更深度的延伸教育。雖然這裡的老師、家長因此無法追逐漂亮的業績數字，但是孩子可以因此更快樂、更放鬆、甚至更能開發出潛能的人格養成！

難怪這裡的孩子，總是頭角崢嶸、各自精彩。尤其是好不容易脫下緊箍咒的羅小弟，簡直是過分的自由奔放！家長們參與班親會時，對於老師認真報告的教學目標與進程報告總是敷衍帶過；倒是花很多時間嘰嘰喳喳的討論戶外教學去哪裡玩？各種體育賽事或活動的行程？體表會或是班級同樂會可以如何精銳盡出，讓孩

子玩到飽？家長們還要定期相約到不同的菜市場走跳、或是到鄰近大學校園野餐並開箱自釀的好酒⋯⋯這樣輕鬆怡人的氛圍，跟書香門第出狀元的明星學校截然不同。我們抱著上國中便要視死如歸的心情及時行樂，縱使未來永遠無法擺脫升學與考試的磨難，但心中會長存與我生死與共的家長支持團體⋯⋯你們可是都有答應我，會一路挺我到羅小弟上大學喔！（掩面）

朝三暮四＋左右逢迎

今早上學途中跟羅小弟說：「今天早點把事情做完，我們要來修補一下⋯⋯你不覺得我們最近感情蠻差的嗎？」

羅小弟：「超差的！妳一定要好好處理哦！」

為什麼熊熊變成長官交辦業務

晚餐後，羅氏父子單獨談話。

羅爸：「你跟媽媽講話態度要好一點。」

羅小弟：「壞的都是學你啊！這就是有其父必有其子哦！」

現在又成了大義滅親

反正老北老木都在你的手掌心就對了

你到底做對了什麼

穿堂菜市場

升格為家長之後，首先就要被詢問是否可以擔任學校的志工？我看了一下調查表，圖書館、說故事、補救教學志工……似乎都已額滿，但是學校廚房裡幫忙廚師們切菜洗菜的監廚志工，似乎乏人問津。為了讓小孩安心，可以常常在校園看到我，二話不說的勾選了廚房志工——然後很快明白，這種需要體力與專注力，還要忍受冬冷夏熱，或是菜蟲驚奇的工作，需要無比的堅持與勇氣。

　　因為是人數很少的小學，我們的廚房，不需購買分切好的食材，而是由志工家長協助廚師，分切洗滌。好處是，我們可以看到食材的原形，方便觀察品質；再加上資深廚師阿姨的好手藝，對我來說真是最好的學習與觀摩。所以學校的廚房，是我試著為孩子做料理時最棒的老師；也因為長期關注學校的營養午餐，我開始以家長的角度，為孩子設計食育的教案。召集其他有志一同的家長，在晨光時間操作。比如說，我們曾經在充滿綠意的校園裡，設計闖關遊戲，讓孩子們猜題，辨識花圃或菜園所栽種的可食用蔬果根莖類植物；也曾經佈置出一個小七便利店，還借了店員的背心、準備好收銀台，為的是讓孩子挑選零食，但也要教樂瘋了的他們如何讀懂包裝上的成份標示，然後幫自己選擇相對安全健康的零

食。為了詮釋餐桌禮儀的主題，家長們粉墨登場，演了一齣情境劇，讓孩子嘲笑媽媽們裝可愛，但卻真實的呈現了平常自己在餐桌上演的各種幼稚可笑的戲碼。壓軸的是小廚師料理實作，主題是：「大人不在家！」讓不同年級的孩子，分別挽起袖子，學著拿菜刀、鍋鏟，做出炒飯、炒麵還有創意早午餐。學習開始動手做，就是天才小廚師的人間美味，更感人的是──回家可以現學現賣，做給爸媽和家人吃！

　　每個學期會依不同的主題，變化食育課程的內容。但我們總有一個核心課程的操作，就是讓媽媽也瘋狂的「校園裡的菜市場」！每學期一次，先在校內徵求家有開心農場、自己種菜的家長（許多是阿公阿嬤），跟他們收購家裡自種的蔬果，然後再跟其他各地區小農採購做為搭配，做好所有菜色分類的學習單，依葉菜、果實、根莖類、還有水果，列出各種品項的任務單。

　　前一晚先帶回家，讓家長與孩子一起討論，勾選出至少二至三項的農產品，準備好一百元現金和環保袋。第二天，孩子就要在穿堂佈置好的小農菜市場，跟由志工家長擔任的不同菜攤老闆，完成媽媽交辦的採購任務。所有小農的菜色會整理好，放置在標明生產履歷的菜籃內，由不同的攤商販售。我們首先會教孩子秤重的

單位與方法，再來就是介紹當季盛產的菜色與產地，還會加碼強調哪些菜色是增強免疫力、或是護眼保健的好東西。之後就是孩子們開心採買的時間——依照跟家長討論好的清單來買菜，有的孩子分不清韭菜還是蔥；或是茼蒿看成芥菜；一斤講成一公斤——這些失誤都沒關係，親切的菜攤老闆，會耐心的以實物教導孩子。即使最後真的買錯了也無妨，統統帶回家讓媽媽來傷腦筋（笑）！

　　大家可是要眼明手快喔！短短的活動時間很快結束，一旁虎視眈眈等著進場搶購的，是不落人後的媽媽們——因為是要給孩子學習辨識的當令新鮮食材，所以挑選的都是優質又沒有價差的小農產品，這種好康媽媽們則能錯過？到了晚上，家長群組陸續會傳來，當天購買食材變成了餐桌上菜色的照片，有些還是親子共同完成！孩子參與了採買、還有料理，讓全家的晚餐不但增加了不同的話題，更增添了旺盛的食慾。因此，家長們紛紛要求菜市場同場加映開賣……母湯母湯，從前置到善後，把活生生的菜市場搬到校園裡的穿堂，可是值得在家至少躺三天的！

　　然而，許多孩子因此得到一段跟爸媽認真討論買菜任務的需求；在市場的採集購買中認識食材、季節、

產地、與種植者；最重要的是與家人共享餐桌上的豐收
與滿足。這種活潑互動深刻而多元的學習與實踐，可能
是最難忘的一堂課吧？！

新手

終於完成這學期的所有食育晨光教案，最終還是以連
續三週、三個年級的「公館菜市場」，還讓孩子假裝
自己在國外的農夫市集，全程以英文詢價、買菜交
流。
這些孩子們以身歷其境的體驗，累積了屬於自己食物
字典，跟所有充滿愛的志工媽媽一起，開啟了華麗的
味覺冒險！
力氣用盡了，在濕冷的雨天，只能用單純的食材、樸
素的料理，跟孩子一起安適的暖胃暖心。
跟新手機不熟所以沒靈感
羅社長我為什麼要答應你換手機

山上的小廚師

秋天的早上，在桃園復興區的小學，帶著山上的孩子們學習做料理，是讓人連毛細孔都會微笑說早安的唯一方法！

這幾年，一直夢想著完成在山上為都市中的孩子，建立一個學校以外的學習場域。讓孩子與父母一起在大自然中，跟大自然學習大自然的韻律與生命（有點拗口，但你懂我的意思吧？！）；自然學校還沒辦成，但我陰錯陽差的走入山上部落、認識原住民的朋友、順帶喝了一點小米酒……（哈）

雖然一事無成，但也因此觀察到山上家庭的常態，以及一些孩子們的成長過程；所以當企業的慈善基金會找上我，詢問偏鄉部落的資源與協助的可能性時，雖然有點直接，但還是坦率地說：「其實山上的學校，缺乏的不是物資。許多單位（抱歉沒有不敬）選擇一次性的提供各種食物、或教具、生活用品；但是這些東西沒有溫度、沒有互動，孩子們只能單方面的被動接受（甚至多到不想接受），然後還要被教導行禮如儀、致謝感恩……我不認為這是我們該提供的所謂協助！」

非常幸運的，我們遇見了慷慨卻不在乎榮耀或掌聲歸屬的幸福企業，大家很快地建立共識，挽起袖子開始工作！

首先，我們到山上的每個學校拜訪校長、老師，了解孩子們的作息與需求，然後觀察學校廚房的運作，跟孩子們玩耍做朋友，因此提出了執行的方案。包含：先依據每個學校不同的運作方式與需要，為孩子的午餐或課後點心加菜加營養。（蛋白質肉類、水果、牛奶、或是自製豆漿需要的黃豆）接著在寒暑假期間，為每天至少供應早餐午餐（有住校學生的還要準備晚餐！）的廚師阿姨們，開課充電……邀請資深的營養師來指導餐點的設計，並且讓散佈山區的廚師，可以在菜單上互通有無，分享當季山區產地的菜色。

另外我們的工作團隊，要邀請不同的主廚老師，到不同的小學，分別教孩子們做料理。雖然平日上學有學校廚房的供餐，但是回到家或週末假日，爸媽大都在山下討生活、或是隔代教養家庭的孩子，回家至少要學會餵飽自己、甚至餵飽弟妹。料理課程的最大挑戰，是主廚老師們要依照我們提供的當地作物資訊；還有深入了解部落家庭的採買習慣之後，在有限的食材原料選擇下，為孩子設計出在地當令、實際好操作、又讓大家熱愛的菜色食物……只要回家願意試著煮，就是我們最大的成就！

這些將資源帶到山上學校的做法，可以說接近客

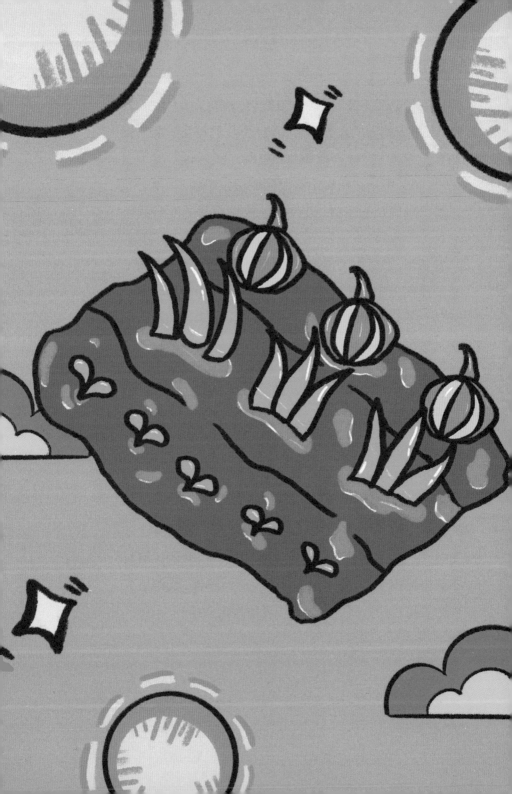

製化的勞動手工業，無法大量複製，沒有高 CP 值的效率，有專業能力的人力必須到位，而我們每次課前上去送食材食器，課後再繼續螞蟻搬家，扛所有器材下山——GPS 顯示在蜿蜒山路盡頭的偏遠學校，一次可能只有十幾個孩子受益，最大的學校也就是三十幾個學生！

雖然，為原住民孩子無限歡樂的上完料理課之後，必須無比狼狽地收拾善後，並且默默跟自己說：「下次可以不要再找麻煩了嗎？」但孩子們突然拿著碗蹭到身邊，閃閃發光的眼睛瞪著你，浮誇地說：「一～萬～分！」會立刻讓你改變心意，並且沒出息地盤算著，如何為下次課程再加碼……

上個禮拜，我在幸佳慧作品的讀書分享會，跟來學習說故事的媽媽們說：「在陪伴孩子的成長過程中，也許我們選擇了比較孤獨的路……沒有那麼大眾化、沒有那麼甜美、沒有顯而易見的具體成績……但是一步一步的踏實腳印，可能帶我們去到沒有預期到的遠方吧？不要誤會，在這短暫的片刻，我們或許因為群聚的依偎而不覺得孤獨了，但是回到各自的生命軌跡裡，我們不要害怕孤獨，並且深信自己，會以愛堅持走向前！」

遠山

復興區前山最遠的學校是長興國小，我今天起得很早，因為知道有長長的山路要征服！

下車之後沒時間歪腰、要立刻活力噴發，因為會有各種突發狀況，手腦並用之後孩子們出現了……在人聲鼎沸的菜市場！

今天依舊準備了復興區周圍的當令蔬菜，還有其他產區季節性的優質農作給孩子採買，最後我選擇示範彩椒鑲肉，讓孩子品嚐食材真實的美味……

長興國小的主任，在孩子品嚐彩椒鑲肉時說：「所有的小朋友把彩椒鑲肉都吃光光！特別是 ***，他從不吃彩椒的……真是不敢相信」

我：「主任你確定他之前不吃彩椒？」

主任：「我確定！因為他是我兒子……我決定了！今晚我就要做彩椒鑲肉」

 # 主任兒子辛苦了晚上繼續彩椒你加油

全校 35 個孩子，今天有學田團隊＋志工將近 20 個大人，一同陪伴孩子，浸潤在認識風土食材的採買體驗學習中……如果以數字或效率來評量，似乎很划不來，即使還有來回蜿蜒曲折的山路，我們仍然會說：「山上的小廚師，因為你們值得！」

 # 山上的小廚師

 # 是你們豐富飽滿了我

 # 感謝所有志工的陪伴

 # 還有逆女攝影師沿路暈車

公民不服從之
_____
服從訓練

因為我們是這樣長大的⋯⋯所以從小就如法泡製的對孩子循循善誘：「你要認真讀書，好好努力，以後才能巴拉巴拉巴拉」（以下省略勵志碎碎念）

所以當羅小姐直白地說：「我不喜歡努力！」瞬間有如五雷轟頂般，直直打到我：蛤？！可以有不喜歡努力的啊？（不早說）所以當年我到青春期才啟動的叛逆，跟現在孩子的日常反骨比較起來，根本就是小巫見大巫！

或許是對當媽媽有太浪漫而不切實際的想像，一直努力掙脫自己從小只會戰戰兢兢，在家庭限定的軌道上亦步亦趨。我們學著土法煉鋼，用自己認為開明的方式教養兒女，包括不建立威權；從小就跟孩子用討論的方式，做共同的決定；鼓勵他們勇敢表達意見；堅持孩子的主體性、不附屬於父母等等⋯⋯然後，以為自己就會因此建構一個民主、開放、多元而進步的家庭⋯⋯才怪！

如果說，羅小姐開了反動的第一槍，那麼緊接著羅小弟的不受控與我行我素，就是一場拼生死的浴血戰爭。首先，他以各種質疑「為什麼不？」挑戰各種生活常規；對於照表操課的學校，更是理直氣壯地鑽遍各種法律漏洞；至於對付最了解他的家人們，則是放低身段，以口蜜腹劍的策略，來遂行他無法無天的現實。但是畢竟

他不能永遠沈溺在只有遊戲的世界，必須學習真實生活中的知識或技能，所以我們試著讓他學著建立規則：比如說寫作業或複習功課的規則。

光是讓他明白所謂作業，就是當天學習結束後，必須完成的一種加班，就是首當其衝的勉為其難。對於羅小弟而言，生活不應該有壓力，每天聯絡簿上抄了3456樣的功課，要看他的心情，不能強求。每當放學我會問他：今天最想寫什麼功課？最不想寫什麼功課？為了鼓勵他，我會不停地稱讚他最想寫的功課，對他來說必然是得心應手、輕而易舉；至於那個最不想的功課呢？必定是無聊機車、而且又沒完沒了。

總之，就是奉承阿諛、加上同仇敵愾。小子龍心大悅的話，會願意犧牲自己的時間，奉獻給作業。如果要他複習功課、或背英文單字，更是要先跟他預約時間，事先講好，花多少時間完成哪些總是跟他不熟的科目。時間長短得恰到好處。增一分他不耐煩、減一分我受不了，於是親子之間的斤斤計較與拉鋸牽動了老師們的心臟強度；毫無疑問，老師們也必須各個身強體健，才能承受天兵羅小弟，以及他堅持的，屬於他自己的邏輯與秩序！

雖然我明明非常苦惱，但是在羅小弟面前，要淡定

地假裝一切主導權都還在阿木掌握之中，我開始要讓他學會，自己打卡加班寫作業（誰想加班啊？！不過是迫於生活啊）；自己排時間，複習功課或練習試題（因為阿木追劇追久了，自然也會生出羞恥心去發奮的做家事）。

陪他進入擁有全套 3C 產品模式，用遙控器假裝是手機、廢棄的家電面板是平板、還要各種 wifi 密碼，讓他可以跟同學虛擬線上對打（我們全家耍廢滑手機的時候，總不能讓他在孤獨的平行時空）。

對我來說這個外星來的孩子，是一個驚奇的禮物。在平凡無趣的地球或許是突兀了點，但他堅持不放棄的權利主張，卻是我最嚮往卻沒有勇氣的追求！為了要延長讓他以自在的姿態，快樂地生活在我們的身邊，必須某種程度的讓他理解，現實世界運行了千萬年的遊戲規則……我不知道這些何時會開始綑綁束縛喜歡任性自由的他，讓他馴化成為一個像樣的地球人？但如果他能幸運的在更多元更開放的社會存活下來，就不枉費身為阿木的我，忍辱偷生的服從他不受控的靈魂！

見風轉舵

社長說他肚子不舒服，我只好斷了外食的念頭。
簡單的清粥小菜，其實也很舒服，特別是羅小弟一副
星座專家的樣子，解析不同星座的特質。
他說：「天蠍座呢就是個性急躁……」
我（挑眉）：「是嗎？」
天蠍座本人
羅小弟：「嗯……個性雖然急躁，但溫柔善良……」
個性急躁跟溫柔善良是兩回事好嗎
精神分裂的天蠍座

街頭的
公民課

羅小弟第一次上街頭，是我們全家一起穿著白衫，到凱道聲援洪仲丘，那是 2013 年，當時他四歲。

他和姊姊在每一次的集會遊行，都玩得很開心。從剛開始以為是去大型的夜市遊戲場（誤），到後來漸漸明白，為什麼這麼多人會聚在一起，有時是嘉年華氣氛的歡樂；有時則是義憤填膺的群眾力量展現。

即使他朦朦懂懂，我們仍要解釋：什麼是多元成家、兩性平權、媒體壟斷、綠能環保、還有基本人權等等……我們深信：參與並且表達，不但要促進展現公民社會力，還要教育下一代，讓他們從小在街頭，感受人民集體的意志與力量。

雖然，羅小弟大部分的時間，都是跟著姊姊邊走邊玩；認識（跟爸媽）志同道合的新朋友；和路上的大狗小狗一起隨著群眾吶喊；或是興致勃勃地頻頻詢問：「等等去哪裡吃冰？」（暈）

因為我們都曾經在相對封閉傳統的環境中成長，經過破繭而出的蛻變，發展成對社會政治議題的關心參與，積極的公民父母，會對孩子造成什麼樣的影響？我其實不知道。但帶著孩子上街頭，只是單純的想把爸媽認為重要的公共議題，放進每一次的「戶外教學」，希望讓他們可以看更多、懂更多、互動更多、思考更多……

效果如何，很難量化，但逐漸長大後，羅小弟的各種邏輯清晰、頭頭是道是怎麼回事？

羅爸爸問他：「你今天要不要跟我睡？」

羅小弟乾脆地說：「不要！」

羅爸以退為進：「你都不愛我了，所以你不跟我睡吼？」

羅小弟不為所動：「你不要把我愛你、和我不跟你睡，混為一談。」

羅爸不死心：「既然你沒有不愛我，就來跟我睡啊！」

羅小弟眼觀鼻鼻觀心：「愛不是要時時刻刻黏在一起的，好嗎？」

曾經在政治場域創造議題、文宣訴求、並且引領風騷的老北，就這樣被兒子活生生 KO，宣告比賽結束！這一年羅小弟十歲。

在課業上永遠吊車尾的羅小弟，到底是為什麼可以條理分明、又擁有堅不可摧的脈絡？也許，是他跟家人相處的時間很長，又是家裡最小的孩子，常常會誤以為自己也是大人；為了要跟上話題、並取得發言權，才不會被遺忘，或淹沒在大人一發不可收拾、熱切討論、上至天文下地理的口水中。常常我們的訓誡被他反駁的啞

口無言，甚至還忍不住想拍手叫好，讚他反應敏捷、言之有理！（阿木恨自己牆頭草）

　　但這些機敏，並沒有反映在他的學校成績（為什麼？）。我安慰自己，羅小弟不愛寫功課，至少他將來可以好好應付跟他談戀愛的人（阿木偏差我知道），而且經過無數次，各種似是而非、卻言之鑿鑿的洗腦，我深信羅小弟日後在江湖走跳，應該不至於吃虧上當……比如在我很不爽的碎念，羅小弟是忘東忘西的慣犯：細數他丟了多少個水壺？掉了幾件外套？還有忘記無數的應完成事項，只要他說一句：「反正我不會忘記你，都把你放在我的心上就好了啊！」這樣的羅小弟，如果將來沒有變成詐騙集團操盤手，我應該是要澎湃的謝天謝地、謝列祖列宗了！

　　雖然，他總是歪樓的把辯證的精神與分析的脈絡，用在他遊戲人間的花花世界，但我終究抱持著期待，期待他可以不需要經過痛苦的覺醒或啟發，一旦某天轉大人，便能啟動內建的公民素養機制，雖然羅爸爸曾經捉狹地問過我：「如果有一天，你兒子去從政，你會不會打斷他的狗腿？」

　　「不，我會打斷你的狗腿！」我說。

羅爸首度陪伴之羅小弟日記

 # 最後兩人不歡而散

天氣變冷囉！要多穿衣服。

今天我回新屋看阿婆，因為阿婆生日！我、爸爸、姊姊和哥哥一起回去陪她吃午飯過生日。

我回去的時候狗「汪汪汪汪」的叫，我跟姐去幫他們開門，他們很開心的像花鹿一樣跳來跳去，姿態好像在跟我和姊姊說：「你們回來真好！」

我對著他們溫柔的說：「我知道你們想我，我看到你們的時候，心裡也蹦蹦蹦跳得好快。」

我們還幫阿婆唱生日快樂歌，也要阿婆許下願望。

阿婆用客家話許願，可是我都聽不懂，但是我知道她很高興，我也很高興。

題目：大人小孩都可以回答

1. 你會幫長輩過生日嗎？

 # 國民應盡的義務

2. 今天你做些什麼活動？

 # 送羅氏三害出門後立刻打拳洩憤

決勝千里

好勝心跟企圖心有什麼不同呢？我是當媽媽以後才逐漸明白……

我的第一次考試，是小學提早入學。年底出生的我，當年可以考試開方便之門；忘了考什麼，但我記得每題我都會，超會！開始唸小學的月考（沒有那時候小考的記憶），我也通通會；小學參加各種比賽，演講、朗讀、合唱、還有跑步……沒有第二名、理所當然是冠軍。一切都是那麼理所當然，只要老師讓我進入競技場，唯一目標就是冠軍手到擒來，因為我的好勝心！

羅小弟原本念家附近的小學，剛入學的親師座談，就聽到家長公開稱讚（家有姊姊也曾是同一位導師帶），專門帶低年級的導師很厲害！不但可以讓小孩循規蹈矩、還會讓小孩系統性地整理所有學習檔案、連課外讀物借閱都能完美達標……我當時心想：老師手下的一年級孩子，難道都是神童嗎？後來又碰上有家長說我太放任羅小弟，彼時大驚失色的我傳訊息給羅爸爸，他的回應很乾脆：「帶著弟弟趕快離開這裡吧？！」

然後我就如家長所言，放任羅小弟轉學到另一個公立小學，真正展遊樂場式學習的小學生涯；在這裡，他最重要的活動，就是跟同學開心互動；如果老師上課像遊戲，他會積極熱忱的投入其中；如果是照本宣科，他

就順理成章的專心致志……等待下課；老師盡可能的包容他，期待誘發他的學習企圖（最後忍不下去才來找阿木客訴）。某天，我分享了他的文盲事蹟：

回家口沫橫飛地跟家人分享，今天在國語課讀到一個名人的故事種種，他覺得好感人……然後問我們知道這位「林柏齊」嗎？認真聆聽的我們，全部黑人問號。好在羅爸爸福至心靈說：「是齊柏林吧？」（全家綜藝摔）

隔天羅小弟問我，是不是又寫臉書了？居然隔壁班的同學跑來問：「你們班是不是有人回家，把齊柏林說成林伯齊了？」

當然，羅小弟打死不承認那個人是他。但我衷心感謝同學家長的善意，感謝他捧腹大笑之餘，還是幫羅小弟守住了最後的尊嚴！

而他喜歡的機器人課程，也有各種比賽的機會。結果不重要，但是因為比賽的訓練過程，可以跟隊友作伴一起玩；而比賽進行也變成他的社交載具，即使語言不通，更能五湖四海、發展國民外交。別人都在表情凝重的跟機器人與程式決一死戰，看台上的家長們也跟著孩子的比賽過程，高低起伏、緊張刺激。但我倒是輕鬆，反正看不懂門道，只能眼睜睜的看著羅小弟遊戲人生的完賽，結束後還獲得與陌生正妹工作人員合照的殊榮，彷

彿這是比他得獎更大的成就！（企圖心的錯誤示範）

　　還有一個戰場，是男孩心愛的足球隊。雖然練習的時間有限，但只要球隊召喚，風雨無阻、晨昏定省，他（還有負責接送他的媽）也要排除萬難，加入訓練或賽程。多數隊友從幼稚園就一起練球，因此羅小弟大部分是板凳球員，他也曾經因為整場觀戰，而氣餒沮喪；但是他非常確定自己是團隊一員，所以打死不退。阿木玻璃心，常常想勸退他……因為，我認為練習強度有落差的羅小弟，現實上並不適合球隊……尤其是有很在乎輸贏表現的隊友和家長，而教練也因此必須交代戰績。這跟我們最初想運動強身，或團隊合作訓練的目的，似乎已經漸行漸遠。雖然自我感覺良好的羅小弟，沒有無法生存的所在，但我們反覆討論之後，他終於同意先暫時離開，試著轉換其他的運動。

　　我承認，我也想贏，好勝心不減當年；也會為孩子的成功勝利沾沾自喜、招搖炫耀。但經過無數次的競賽考驗，看著有些孩子在賽場上，隨時注意著父母的臉色、或爭取老師教練的專寵，如果孩子因此黯淡受傷，不是因為自己的失落，而是無法取悅大人、滿足大人的好勝心。那麼大人就會變成孩子成長過程中，讓他失足絆倒的大石頭。要以更多的欣賞與支持陪伴他，讓他的企圖

心超越好勝心……即使是虛張聲勢的能量，也要灌得飽滿！

誰知道未來是靠著什麼一決勝負呢？

鎖國語老師

晚餐時羅小弟問羅爸：

「把拔，你認識一個很有名的人，叫林柏齊嗎？」

全家搖頭，無人知曉……

「他真的很有名欸！而且今天上國語課教到他，我覺得好感人哦！」

羅爸想了想：

「是齊柏林吧？！」

羅爸果然英明

僅代表羅家向齊柏林先生致上最高敬意

老師吐出一口鮮血

飯後羅小弟好好念一次課文

養子不教是中文系阿木之過

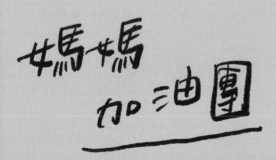

媽媽
加油團

孩子忤逆不受教怎麼辦？老師常常客訴怎麼辦？先生白目成亂源怎麼辦？過年過節回婆家氣血鬱結怎麼辦？日常各種經前症候群或就是看人不順眼怎麼辦？

這時候你需要支持團體：「媽媽加油團！」

上面不是賣膏藥的電台廣告，而是媽媽們的真實人生。唯有媽媽才懂媽媽……所以我們可以在送完小孩之後，一起去爬山或跑步，然後一起確認所有小孩的通病，不是自己家的有問題（還好）；考試成績不怕丟人地說出來，便能化解胸口的一團瘀血；還要比賽誰家老公最令人髮指，並且同仇敵愾的說公婆與姻親的壞話！（大誤）

我們都是當媽媽之後，才開始學習當媽媽的。尤其是在羅小姐進入小學，具有高度共識的家長們，大都希望孩子能在得天獨厚的校園環境裡，沒有太多壓力、快樂成長。現在回想，當時若沒有陪伴我經歷起伏震盪的媽媽支持團體，我可能會是一個充滿焦慮、人云亦云的無頭蒼蠅。因為來自不同背景與個性的媽媽們讓我明白，每個孩子都是唯一且獨特的個體。要想辦法引導並欣賞，每個孩子不同的能力或專長；更要接受孩子的不足或怯懦，當我們叨叨念念、數落孩子的不是，一定可以得到彼此的安慰或支持，但也不忘提醒：要再繼續陪

伴孩子，或是再給他們一次機會。也是因為如此，所有育兒的困難，不再是孤單無助，人多勢眾的感覺，真的是減緩不少學海無涯的厭世感啊！

　　只要成群結隊，就不可能整齊劃一。所以維持適當的社交距離，就要考驗個人的大智慧了。團體中有人進進出出，本就是常態；不必朝朝暮暮的生死相許，有的時候是看不順眼、理念不合，有的時候就單純是各自進入不同的生命階段……要確定的是不滅的正能量，才是相互扶持的正當性。

　　當年我開始養小孩的時候，常常找我的同志閨蜜叨叨絮絮。有天好修養的他，終於忍不住開口跟我說：「親愛的，我真的覺得你應該要交新朋友了！」當時備受打擊的我，雖然知道要跟單身的好友暫時天人永隔，但還是留下一口真氣，開啟母愛雷達，在身邊尋找媽媽同好。尤其是在孩子小學階段，就開始建立的革命情感……從亦步亦趨到學習放手，中間還要挺過無數的青春叛逆與生命選擇。我們彷彿大家庭般，共同養育了一整班的孩子，一起笑著哭著，分享了母親的滿足與失落。

　　當羅小姐逐漸長大，開始以「少女界巨塔」的個人形象，在國、高中校園單獨出道，我以羅小弟媽媽的身份，再度回防、進入校園，並且以拉高全校家長平均年齡的

關鍵角色，穩坐耆老家長的冠軍寶座。因此幸運的學習跟充滿膠原蛋白的媽媽們，以無比青春的活力，加上與時俱進的科技，升級了媽媽聯盟的新境界。

我們在校園，取代了修佛或愛神、各自表述的宗教團體，鑽研學習、設計規劃出分齡的英文學習與食育情境，利用晨光的時間，使出渾身解數，以不同的主題和形式，深入而精彩的協助孩子，拓展教室或教科書以外的視野和體驗。在學習做媽媽的路上，我雖然已成硬挺的老幹，但多虧了蓬勃的新枝，竟然生猛的向天空伸展出充滿綠意的嫩芽！

羅小姐曾經說：「每次要比賽之前，我會非常緊張，鳴槍之後什麼都不想，只能往前衝……還好我知道媽媽會在前面等著我，因為媽媽站著的地方，就是我的終點線！」

向所有搖旗吶喊，跳著阿木 style 啦啦隊舞步的媽媽加油團致敬！

比腿

我們三個坐後座，羅小弟在中間，先看看羅小姐的腿
（穿短褲），再看看我的（也穿短褲）
然後説：「馬麻，妳是粗美人……」
阿木（瞪）：「我再給你一次機會，好好想一想、好
好説話……」
羅小弟賊頭賊腦一番，之後説：
「好啦，妳中等美人，我最多只能這樣了！」
是有多委屈
羅爸你專心開車笑屁
姊姊是外星人所以腿的構造異於常人

編編
圖書館

我的閱讀經驗啟蒙與開展，跟我生命中的女性脫離不了關係。

　　如果生命中要選出第一本留下印記的書，那就是我姑姑買給我的《十萬個為什麼？》當時是小學生的我，為什麼會著迷於大千世界中與我咫尺天涯的懸疑與未知？或許可以滿足彼時好奇心旺盛的我吧……但幫我的腦袋第一次大**翻轉**的是：原來世界上還有不是「故事書」的書啊？！

　　因為閱讀實在是太新奇有趣了，從此我透過各種不同的書籍穿越不同的地域、時代、文化……好像也因此變得早熟；尤其上國中以後，頑強抗拒升學壓力，全力風花雪月強說愁。當時的國文老師，是大學剛畢業的女大生。她使出對付我的大絕招，是每讀完她指定的國文課業，就會借我一本她推薦的文學作品，我就這樣跟著她，亦步亦趨的兼顧了青春期的魚與熊掌。

　　所以有天我跟媽媽說我將來要念中文系時，正在騎車的她表現得似乎很鎮定，只轉頭問了在後座的我：「可以賺錢養活自己嗎？」自視甚高如我，覺得這是什麼傻問題啊老媽？！殊不知她居然提早戳中我的死穴，預示我的「非營利人生」！

　　如願讀了中文系的我，離家之後再回家，赫然發現

媽媽在透天厝的我家頂樓，佈置了一間專屬於她的圖書館。裡面整齊羅列了幾百本書，全部排排站好在書架上……以千嬌百媚的姿態。這可能是當年最厲害的私人藏書，單一主題：羅曼史系列！

「羅曼史系列」大概是現在所謂「總裁系列」的原型。當年的羅曼史系列，全部都是翻譯作品。每本書的公式固定，完全沒有意外：大抵是高富帥的男主角，必定因為某種命運的安排，與原本不可能相遇、貧困又衰到爆但偏偏不服輸的女主角（或男女主角人設對調），墜入情網……過程中，一定是先互相看不順眼，發生莫名其命的激烈衝突，中間還會有人從中作梗，讓彼此產生各種顯而易見的誤會，其實只是在在證明兩人內心愛意已經超展開，卻堅持要像個幼稚鬼一般，以「馬景濤模式」（對個人無意冒犯，只是權充為全民通用的形容詞），拐彎抹角的表達澎湃洶湧的深情（暈船）……

身為中文系的女兒，才剛從古典與現代的文學世界中，裝模作樣的以琴棋書畫，為自己做完文化美容、努力變成氣質美女；寒暑假回到家，居然要跟我媽一起面對不登大雅之堂的羅曼史？

雖然是打開第一頁就明白所有的套路，但是懶惰、腦波弱、也沒有其他選擇的我，就跟媽媽在她的圖書館，

各據一方的讀了不少羅曼史。一起臉紅心跳、蹙眉嘆息、峰迴路轉，最後還要迎接深情擁吻或滾床（羞）。這時我們不再是慈孝母女，反而是靠著不斷湧升的粉紅泡泡，一起離開地球表面、離開日復一日、離開賢妻良母、離開乖巧上進、離開循規蹈舉的各種框架，暫時在文字的浩瀚宇宙，放空發傻的狼狽夥伴！

之後，我不再拘泥於古典中文才女追求的經史子集、文以載道，反而是放浪閱讀，貪多又雜食、生冷不忌的全吞下肚。或許是亂槍打鳥吧？總是在那個亂七八糟的青春歲月裡，冷不防地被各種閱讀的情境擊中要害，彼時自以為可以因此讀懂人生的種種況味，假裝淡定老成的依照書中指引，依樣畫葫蘆。搞了半天終於明白，那不過是別人的人生。投射到自己身上之後，才知道書裡的黃金屋或顏如玉，非得要靠自己的刻骨銘心，才會變成自己轉大人的印記。

總是習慣的帶著書，戀愛分手工作旅行。甚至隨著命運，迂迴轉折了一大圈之後，居然變成了書店的老闆娘。我們的第一家書店，是在桃園新屋鄉下的老家，改成的非營利舊書店。當時有同事問：來自城市中不同的人們捐贈的舊書，是否需要限制種類，再推薦給鄉下的孩子與居民閱讀？我說不要限制，希望可以讓大家看到

各種不同的書、讀到不同的世界、感受不同的可能性，後來再加上台北的書店，以及增生的小農市集與實驗廚房，我們的書店，一直不是賞心悅目、唯美精緻的文青專屬。書店也許只是一個介面，但可以有機延伸到土地、食物、孩子，以及真實的愛與分享。

　　一直以來透過文字世界的映照，我看著自己的欣喜、失落、自負、愚昧……一次又一次的確認，這條辛苦但豐富的生命道路，是我想追尋的方向。但是總有許多措手不及的驚慌……比如此刻，我和家人突然地面對母親即將離開我們的現實，非常非常困難的告別，對於生者而言。我來不及說再見；對諸多肉體的折磨無能為力；日常的瑣碎沒有停止的牽絆……而最深的恐懼是，害怕媽媽以及我，終將各自孤單。

　　於是一遍遍想起跟媽媽經歷的種種細節；一次次加深逐漸淡漠的美好；努力克制不再呼喚媽媽。即使日後的世界，永遠會矇著一層淡灰色的薄霧。我會透過記憶，重新跟著媽媽長大、任性、忤逆，卻不可抗拒的像媽媽……有好品味與溫暖的心，以及無私慷慨的愛人……然後可以成為媽媽的驕傲。

　　我們母女終將回到最享受的時光，相依偎在忘憂的「媽媽圖書館」！

畢業典禮

畢業典禮結束後，我問羅小姐：
「要不要一起午餐，然後接著看畢業展？」
「嗯……我現在還不餓！」
羅文嘉説我不識相：
「畢業典禮要跟同學拍照簽名還要鬼混，哪能沒行情跟我們吃飯？」
政治白目線是在説我白目嗎？
多年以前，我告訴自己，一旦她高中畢業，阿木的責任已了，但我此刻明白，作為媽媽，永遠都沒有畢業的一天……
羅小姐不需絢爛耀眼，只願妳平安順遂，若能抓住機會，盡全力選擇做自己快樂的創作，就是上輩子妳救國救民的福報了！
祝你幸福
作品請洽阿木經紀人

VI00105

我的渣男與逆女：教養苦海浮沉記

作　　者 — 劉昭儀

插　　畫 — 羅亦庭

書籍設計 — Bianco

內頁排版 — 楊雅屏

責任編輯 — 王苹儒

行銷企劃 — 宋　安

總 編 輯 — 周湘琦

董 事 長 — 趙政岷

出 版 者 — 時報文化出版企業股份有限公司

　　　　　108019 台北市和平西路三段二四○號二樓

　　　　　發行專線　（02）2306-6842

　　　　　讀者服務專線　0800-231-705、（02）2304-7103

　　　　　讀者服務傳真（02）2304-6858

　　　　　郵撥　1934-4724 時報文化出版公司

　　　　　信箱　10899 臺北華江橋郵局第 99 信箱

時報悅讀網 — http://www.readingtimes.com.tw

電子郵件信箱 — books@readingtimes.com.tw

時報出版風格線臉書 — https://www.facebook.com/bookstyle2014

法律顧問 — 理律法律事務所　陳長文律師、李念祖律師

印　　刷 — 和楹印刷股份有限公司

初版一刷 — 2021 年 6 月 18 日

初版二刷 — 2021 年 7 月 9 日

定　　價 — 新台幣 399 元

我的渣男與逆女：教養苦海浮沉記 / 劉昭
儀作；羅亦庭插畫 .-- 初版 .-- 臺北市：時報
文化出版企業股份有限公司 , 2021.06
　面；　公分
ISBN 978-957-13-9094-9(平裝)

1. 親子關係　2. 親職教育

544.14　　　　　　　　　　110008709